Heinz-Josef ‚Jozsy' Scherer

Félelem

AF281923

Zwei Erzählungen aus dem Leben des Franz K.

Angst Liebe Reifung

Mit einem Nachwort des Verfassers

Heinz-Josef ‚Jozsy' Scherer

Félelem

Zwei Erzählungen aus dem Leben des Franz K.

Angst   Liebe   Reifung

Mit einem Nachwort des Verfassers

Impressum

Autor: Heinz-Josef „Jozsy' Scherer
Neuauflage Januar 2026
Copyright Heinz-Josef ‚Jozsy' Scherer, 2026
ISBN: 978-3-7693-4972-6
Verlag: BoD · Books on Demand GmbH,
Überseering 33, 22297 Hamburg, bod@bod.de
Druck: Libri Plureos GmbH, Friedensallee 273,
22763 Hamburg
Umschlaggestaltung: Heinz-Josef ‚Jozsy' Scherer
Bibliografische Information der Deutschen National-
bibliothek: Die Deutsche Nationalbibliothek verzeichnet
diese Publikation in der Deutschen Nationalbibliografie;
detaillierte bibliografische Daten sind im Internet über
dnb.dnb.de abrufbar.

Dieses Buch ist urheberrechtlich geschützt. Über-
setzungen, Vervielfältigungen, Nachdruck, Speicherung,
Aufarbeitung in elektronischen Systemen, Aufführung,
Sendung sind auch in Auszügen nur mit vorheriger
schriftlicher Zustimmung des Autors zulässig.

Jedwede Ähnlichkeit mit lebenden oder bereits
verschiedenen Personen wäre unbeabsichtigt und rein
zufällig.

Auch als **E-Book** erhältlich

über das Weibliche

Es kann stehen für das
Fürsorgliche
Warme
Weiche
Runde
Geschmeidige
Lebendige
Fröhliche – für
Lust
Leidenschaft
Begierde
Faszination – das
Verführerische
Fremde
Geheimnisvolle
Rätselhafte.
...
Ebenso für
das (mögliche) Verhängnis
den (möglichen) Abgrund.

Doch bedenke:
Was wäre ein Leben ohne...?!

Inhalt

Erzählung 1

*E*s war im Sommer 1980. Franz K. wohnte in einem katholischen Studentenheim mitten in der Stadt. Sein Zimmer glich einem schmalen Schlauch, lediglich aufs Notdürftigste einge- richtet – das Bett als karges Lager rundete die äußerst bescheidene Möblierung ab. Er hatte noch Glück, auf der Hinterseite des Gebäudes zu wohnen – nach vorne wäre er Tag und Nacht mit dem unaufhörlichen Lärm der direkt nebenan laufenden Stadtautobahn konfrontiert gewesen. Insgesamt hatte er sich mit seiner Wohnsituation arrangiert – nicht zuletzt, da er es spannend fand, inmitten des pulsierenden Lebens zu wohnen, zudem wusste er auch das etwaige Eingebundensein in die Gemeinschaft der Wohnheimstudenten zu schätzen.

Doch an diesem Nachmittag war es anders: ihn überfiel nicht nur Platzangst, sondern auch ein diffuses, unerklärbares, bedrohliches Ge- fühl, welches sogar die Angst vor sich selbst zum Gegenstand hatte. Er erwartete, jeden Mo- ment umzufallen. Doch er fiel nicht um. Es passierte nichts, es ging einfach weiter.

Er war allein in seinem Zimmer. Seine Freundin, die er etwa seit einem knappen Jahr kannte und ebenfalls in diesem Studentenheim wohnte, befand sich zwecks ihrer Studien an der Universität.

Was sollte er tun? Er fühlte sich diesem uner- klärbaren, bis dahin nie dagewesenen Gefühls- zustand gegenüber vollkommen hilflos. In sei- nem extremen Betroffensein verschaffte er sich

9

etwas Erleichterung durch Bewegung, indem er von einem zum anderen Ende – wo sich das Fenster befand, durch das er auf einen tristen Hinterhof sehen konnte – des schmalen Schlauches ziellos hin und her ging. Nach und nach verdichtete sich sein Zustand dergestalt, dass er es nicht mehr in diesem Zimmer aushielt. Es gewährte ihm einerseits Schutz, nahm aber auch die Gestalt eines einengenden Gefängnisses an, welches in seiner Vorstellung, es zu verlassen, ebenfalls Angst und das Gefühl von Haltlosigkeit und Ausgeliefertsein verursachte, letztlich aber nur die unabdingbare Notwendigkeit der baldigen Außenorientierung zuließ.

Er eilte zu seinem nicht weit entfernt geparkten Wagen, setzte sich hinein und fuhr kurzentschlossen durch den dichten quälenden Nachmittagsverkehr in das nächstgelegene psychiatrische Krankenhaus, bat dort um Aufnahme, welche man ihm nach einem Gespräch mit dem leitenden Arzt auch gewährte.

Seine Angst schien fürs Erste abgewendet, wich jedoch am Abend, als er bemerkte, dass man die Eingangstür abschloss – er befand sich auf der geschlossenen Abteilung – einer anderen Art von Bedrohung: er war eingesperrt und man beabsichtigte, ihn die Nacht über hier zu behalten.

Wieder geriet er in Panik, wollte weg. Nachdem man ihm erneut ein Gespräch mit dem leitenden Arzt gewährte, entließ man ihn schließlich – mit dem Vermerk ‚auf eigenen Wunsch und eigene Verantwortung‘. Inzwischen dunkel geworden fuhr er – an einer Stelle noch eine Autobahnauffahrt wählend, welche sich ihm jedoch noch rechtzeitig als Abfahrt realisierte und er im Rahmen einer abenteuerlichen Aktion, doch unbeschadet umkehren konnte – zurück zum Wohnheim, dort auf direktem Weg zum Zimmer seiner Freundin. Sie war da, lag schon in ihrem Bett, lud ihn zu sich ein und quittierte seinen kurzen Bericht über das Gewesene mit den Worten ‚Ich gehöre dir‘. Es gab ihm das Gefühl von Zugehörigkeit, Nähe, Verständnis und Wärme. Die gute Seite des Lebens hatte ihn – zumindest für den Moment und diese Nacht – wieder.

Seine Freundin, welche für die kommende Zeit zu seiner engsten und unverzichtbaren Begleiterin wurde, hatte er an einem Freitagabend auf ihrer Geburtstagsparty im Aufenthaltsraum des fünften Stockes kennengelernt. Das Studentenwohnheim wurde von der Katholischen Hochschulgemeinde unterhalten und betrieben, welches zur Folge hatte, dass die Frauen- und Männeretagen strikt voneinander getrennt waren. Mit zunehmend höherer Etage – und somit auch im fünften Stockwerk – war der weibliche Anteil der Bewohnerschaft untergebracht, was dem Ganzen auch einen gewissen Reiz verlieh. Franz K. wusste bis zu diesem Abend nichts von der Fete, und als er davon erfuhr, wollte er auch nicht hingehen – er wollte in seinem Zimmer bleiben und fernsehen, vielleicht noch etwas lesen und einfach den Tag in Ruhe mit sich allein ausklingen lassen. Außerdem versprach er sich nicht viel davon: wer – vor allem hinsichtlich der anwesenden Damenwelt – sollte an ihm schon großes Interesse zeigen, denn sein Selbstbewusstsein schien zu dieser Zeit auf nicht allzu stabilen Beinen zu stehen. Erst durch das wiederholte penetrante Drängen eines seiner Kumpel ließ er sich schließlich doch noch dazu bewegen, seinen schützenden Mikrokosmos zu verlassen und mitzugehen.

Die Fete fand in einem Aufenthaltsraum statt, welchen man aus dem Fahrstuhl kommend mit zwei bis drei Schritten mühelos erreichte. Die Tür stand offen und es war die bei solchen Gelegenheiten eher übliche Szenerie: abgedunkeltes Licht, auf dem Boden um die Wände herum ausgelegte Matratzen, auf denen sich einige Partygäste niedergelassen hatten. Auch glaubte er die Gastgeberin innerhalb nur kurzer Zeit aufgrund ihres Verhaltens identifiziert zu haben. Neben der Tatsache, dass sie mit Abstand die hübscheste der anwesenden Damen war, verkörperte sie auch – zumindest in seinen Augen – den Prototyp der Studentin, welche diese ihm schon vertraute Art von

Selbstbewusstsein und Souveränität ausstrahlte und sie somit nach seinem Empfinden noch reizvoller, gleichzeitig aber auch unerreichbarer machte.

Franz K. befand sich zu diesem Zeitpunkt schon seit längerem im Zustand einer ernstlichen Identitätskrise bzgl. seines Studentenstatus samt all der sich daraus ableitenden Neben- und Folgeerscheinungen. Zudem entstammte er der Arbeiterschicht, sah sich implizit als ‚homo novus‘, welcher sich im Umfeld des akademischen Nachwuchses aufgrund bestimmter Merkmale – wie z. B. die nicht selten anzutreffende besondere Art der Selbstdarstellung, die Kommunikation in einem ausgesuchten elaborierten Hochdeutsch – nicht allzu heimisch und gut angekommen fühlte.

Er nahm auf einer der Sitzgelegenheiten auf dem Boden Platz und schaute dem Treiben um ihn herum zu. Sein Kumpel, welcher ihn hier her gelockt hatte, ließ sich genüsslich neben ihm nieder und schickte sich an, das Ganze in vollen Zügen zu genießen. Zu seiner Überraschung setzte sich die Hübsche, d. h. Gastgeberin schon bald neben ihn und die beiden hatten sichtlich Spaß miteinander, indem sie sich auf höchst unbefangene Art und Weise unterhielten, so als ob sie sich schon lange kannten – wie dem auch wohl war.

Überhaupt war Franz K. eher der Außenseiter und Außenstehende, der distanzierte Beobachter, der Fremde, der höchstens mal situativ und

13

sich dabei den nötigen Fluchtweg immer offen haltend an der Heimgemeinschaft teilnahm. Dies hatte seine Ursache in Gründen, wie sie weiter oben bereits angedeutet wurden, aber auch zu einem gehörigen Teil aus seinen grundsätzlichen, aus der Tiefe kommenden Dispositionen herrührend. Zudem eignete er sich nur sehr bedingt als ‚Gruppentier', welches zu jeder Zeit kontaktbereit und – vor allem – auch kontaktfähig war, indem er einem Gruppengeschehen und dessen zugrundeliegenden komplexen Reizniveau adäquat zu begegnen nur in seltenen Fällen bereit sowie auch in der Lage gewesen wäre.

Zwar lag seinem Fühlen bei genauem Hinsehen auch eine keinesfalls zu leugnende Sehnsucht nach menschlichem Kontakt sowie Nähe zugrunde, doch glaubte er dies hier nur an der Oberfläche vorzufinden, wo es mehr um den ‚Smalltalk', um ‚l'art pour l'art' ging, welchem es inhaltlich i. d. R. an der nötigen Tiefe fehlte und der Einzelne – und vor allem er mit seinem elementaren Bedürfnis nach emotionaler Verbindlichkeit – in den meisten der Fälle zu kurz kommen musste. Dagegen strebte er eher eine Beziehung à la ‚face to face' an, welche überschaubarer, ehrlicher war und vor allem mehr an gefühlsmäßiger Substanz zuließ.

Nach und nach bemerkte Franz K., dass die attraktive Gastgeberin auch das Gespräch mit ihm suchte. Später erzählte sie, dass sie seinen Kumpel in erster Linie dazu benutzt hatte, um

14

Kontakt mit ihm aufzunehmen, was ihn aus bereits oben erwähnten Gründen überraschte, ja verlegen machte – spätestens ab dem Punkt, als sie ohne Zweifel Interesse an ihm bekundete. Jedenfalls kam es am Ende dazu, dass beide in seinem schmalen, kargen Studentenbett landeten, wo sie auch den Rest der Nacht miteinander verbrachten.

Als er am Morgen erwachte, war sie schon weg. Im Gegensatz zu anderen Affairen, die er zu dieser Zeit hatte, beschlich ihn ein ungutes Gefühl von Schuld, so als hätte er dieses Mal etwas Wertvolles, Zerbrechliches, quasi Heiliges verletzt, ja zerstört – was sich im Nachhinein auch (zumindest teilweise) bestätigte. Ihre Gunst erworben zu haben – dies ‚in Windeseile' und dann noch mit dem Ergebnis einer intimen Vereinigung – erfüllte ihn mit einer gewissen nicht zu leugnenden Art von Stolz (galt sie doch, wie er im Nachhinein erfuhr, als eine der attraktivsten und begehrtesten Damen im Haus), bereitete ihm aber gleichzeitig eine Art von Unbehagen, welches – neben den Gründen, die bereits erwähnt wurden – daher rührte, dass sie gut vernetzt und eine bekannte, ja beliebte Institution war, was in grassem Gegensatz zu ihm stand, der mehr den Außenseiter, den beobachtenden scheuen distanzierten Steppenwolf verkörperte.

Er sah sie danach nicht mehr – mit einer Ausnahme: An einem Werktagnachmittag begegnete sie ihm nahe dem Studentenheim. Umgeben von mehreren Begleitern – er jedoch allein – begrüßte sie ihn unverbindlich-freundlich gerade so im Vorübergehen, als wäre nichts zwischen ihnen gewesen, so dass sich in ihm die Überzeugung verfestigte, dass er für sie nur den Stellenwert einer vorübergehenden Beiläufigkeit hatte, ja möglicherweise gar nur ein ‚Ausrutscher‘ in einem ‚schwachen Moment‘ war – was wiederum sein Selbstbild, das er von sich hatte sowie seiner Ansicht nach die Reaktion der anderen darauf nur bestätigte.

Damit konnte Franz K. leben, d. h. zumindest überleben, denn das kannte er ja zur Genüge. Er dachte zwar mehrmals daran, zwei Stockwerke höher zu gehen und an ihrer Zimmertür zu klopfen, doch ließ er diesen Gedanken immer wieder fallen, denn was sollte er dort, der Außenseiter und Zweifler im Reich der Fröhlichen, Selbstbewussten – im Reich derer mit Leben, Zukunft, Zuversicht im Gesicht und in allen Facetten ihrer Erscheinung sowie der Art ihrer satt und zufrieden wirkenden Selbstdarstellung. Er hielt sich für unerwünscht, überflüssig und blieb deswegen fern.

So verging ca. eine Woche, als an einem Sonntagabend jener Kumpel, der ihn damals zur Geburtstagsparty mitnahm, an seine Tür klopfte, um mit ihm zu reden. Dabei erfuhr er Ungeahntes, nämlich genau das Gegenteil seiner über lange Zeit gehegten Vermutungen: Seine ‚Angebetete‘ – sie hieß Cornelia, genannt

Conny – sei seit ihrer Geburtstagsparty und dem Zusammensein mit ihm unglücklich, ja depressiv, wäre oft dem Weinen nahe, denn sie fühle sich seit jener Nacht von ihm ausgenutzt, gebraucht und sei tief betroffen, dass er seither offensichtlich den Kontakt zu ihr meide, ja sie es ihm nicht Wert sei, sie einmal aufzusuchen bzw. zu ihr zu kommen – kurzum: sie erwarte ihn auf ihrem Zimmer. Dies wiederum ließ sich Franz K. nicht zweimal sagen, nahm endgültig seinen ganzen Mut zusammen und stieg die zwei Stockwerke hoch zu ihr.

Er blieb die ganze Nacht sowie den darauffolgenden Tag – eine Liebesbeziehung, welche für ihn und seine weitere Biographie vor allem durch ihre einstweilige Komplexität von besonderer Bedeutung sein sollte, nahm ihren Lauf.

Sie liebte ihn. Im Gegensatz zu ihm, der sich in fast allen Lebenslagen mit seiner inneren Zerrissenheit konfrontiert sah, zeichnete sie sich durch eine zu großen Teilen solide Art von geerdet Sein aus – worum er sie beneidete, bewunderte und letztlich auch liebte. Sie studierte an der Universität Englisch und Russisch am Institut für ‚Allgemeine Sprachwissenschaft sowie Übersetzen und Dolmetschen‘.

Ihre große Liebe und Leidenschaft galt vor allem dem amerikanischen Englisch, was ihr quasi schon in die Wiege gelegt worden war, denn sie wuchs in einer Region auf, wo zu dieser Zeit amerikanische Soldaten stationiert waren, zu denen sie fast regelmäßig Kontakt hatte.

So verkörperte sie szs. den Gegenpol zu ihm, dem Zweifler, Denker und Träumer. Möglicherweise fand sie aber genau das attraktiv. Einmal sagte sie zu ihm, sie bewundere ihn dafür, wie er denke und was er alles wisse. Sie wurden unzertrennlich und später stellte er sie auch seinen Eltern vor, mit denen sie sich auf Anhieb hervorragend verstand.

Nach etwa einem halben Jahr ihrer Bekanntschaft stellten sich bei Franz K. Angst- und Panikattacken ein, welche sein Leben auf den Prüfstand stellen sollten. Bislang nicht damit konfrontiert, fühlte er sich vollkommen hilflos in den Fesseln dieser Krankheit gefangen. Er hatte Angst – eine kaum fassbare diffuse Angst, welche, wenn sie mal konkreter wurde, u. a. die vor dem Sterben, dem schier hilflosen ausgeliefert-Sein, ja die vor sich selbst zum Gegenstand hatte. Die Medikamente, die ein Facharzt ihm verordnete, verschafften zwar bisweilen Erleichterung, halfen aber nur bedingt, und schon gar nicht vermochten sie ihn gänzlich von dieser quälenden Tortur zu befreien – zudem nahm er sie nur situativ, d. h. nicht in der Regelmäßigkeit, wie es ihm ursprünglich aufgetragen worden war.

Es war sie, welche ihm in dieser schwierigen Zeit zur Schicksalsgefährtin, zu seiner ständigen Begleiterin wurde. Sie musste für ihn erreichbar sein. Es tat ihm gut, gab ihm Vertrauen, Wärme, Zuversicht und Sicherheit, sie in seiner Nähe zu haben, und sie tat auch alles soweit Mögliche, dass dem so war. Bei all der Tragik und Fatalität seines Zustandes erfüllte es ihn mit unsäglichem Glück, wie sie sich um ihn kümmerte, bei ihm war, zu ihm hielt – eine unzertrennlich verschworene Gemeinschaft ‚en miniature‘, welche auch denen um sie herum nicht verborgen blieb und die man bewundernd würdigte. So unternahmen sie auch oft etwas Schönes, waren viel unterwegs, allein schon wegen der Enge ihrer Zimmer im Studentenwohnheim, in denen man es nicht allzu lange aushielt – zudem tat es ihm gut, rauszukommen, die Perspektive zu wechseln, sich die Dinge aus der Distanz anzusehen, aktiv und in Bewegung zu sein wie z. B. beim Spazierengehen oder Wandern in der Natur.

Einmal hatte er im Rahmen seines Studiums den Auftrag, in einem sozialen Brennpunktgebiet Befragungen durchzuführen, wohin auch sie ihn begleitete. Das Wohngebiet, in dem die Befragung stattfand, lag in unmittelbarer Nähe eines Erholungsparks, welchen sie anschließend noch aufsuchten. Sie setzten sich auf eine Bank neben einem Teich, in der sich eine Wasserorgel befand, aus welcher plötzlich der ‚Schneewalzer‘ ertönte. Es war an einem normalen Werktag am späten Vormittag – ihrem spontanen Impuls synchron folgend standen sie auf und begannen zu tanzen.

Auch hatten beide ihre Lokale, in denen sie regelmäßig verkehrten. Genaugenommen war K. die Triebfeder für diese Aktivitäten, denn er musste raus, sich Erleichterung verschaffen, nach seinem Empfinden in diesem Kontext dazugehören, zumal sich dies in den Abendstunden abspielte – eine Tageszeit, welche ihm noch eher Handlungsbereitschaft sowie (vor allem) Unternehmungslust garantierte. Man kannte die beiden: immer zu zweit – obwohl Conny dies bei näherer Betrachtung zu großen Teilen Franz K. zuliebe tat. Sie wäre auch gerne mal zu Hause geblieben – wovon sie K. öfter zu überzeugen versuchte, was ihr in einigen Fällen auch gelang.

Nach einiger Zeit entschlossen sie sich, aus der Enge des Studentenwohnheims auszuziehen. Sie bezog ein geräumiges Zimmer in einer alten Villa, wo sechs Personen auf einer Etage wohnten, die sich eine Küchenzeile, Dusche und Toilette teilten. Er ging mit und wohnte inkognito bei ihr - *er* lebte seine Zweifel, *sie* ihre Aspirationen hinsichtlich Gegenwart und Zukunft, dazwischen trafen sie sich und waren zusammen. Auch hier beneidete und bewunderte er sie ob ihrer Leichtigkeit, Bodenhaftung, Strebsamkeit, Alltagsnähe sowie -tauglichkeit.

Nicht weit von ihnen befand sich ein Bistro-Restaurant, welches sie an manchen Abenden besuchten. Man musste nicht, konnte es aber auch als ‚Szene-Lokal' – etwas außerhalb des Zentrums liegend – bezeichnen, was vor allem

Franz K. im Rahmen seines Bedürfnisses nach Dazugehören nicht ganz unwesentlich war. Man redete den Wirt mit einem vertrauten ‚du' an, was dieser bereitwillig in gleicher Art erwiderte und dadurch dem Aufenthalt eine gewisse Wärme und Nähe vermittelte.

Ihre gemeinsame Behausung hatte jedoch nur den Charakter des Vorübergehenden, denn schon vor längerer Zeit hatten beide unabhängig voneinander Anträge auf ein jeweiliges Zimmer in einem der Wohnheime auf dem Uni-Campus gestellt, welche nach relativ kurzer Wartezeit auch genehmigt wurden.

Dort angekommen wohnten sie getrennt in zwei sich gegenüberliegenden Bauten, welche durch einen Zwischenteil miteinander verbunden waren – sie im Parterre, er im gegenüberliegenden Block in der vierten, d. h. obersten Etage. Seine Lage hatte insoweit noch eine Besonderheit, welche darin bestand, dass er von seinem Fenster aus auf den Fußweg zu ihrem Trakt blicken konnte, was zu einem späteren Zeitpunkt noch von Bedeutung werden sollte. Sie waren getrennt und doch vereint, konnten sich innerhalb relativ kurzer Distanz besuchen und zusammen sein – was sie nach Bedarf auch taten.

Auch hatten sie ein paar Freunde, mit denen sie gelegentlich etwas unternahmen. So waren sie eines Abends bei einem Kommilitonen von ihm eingeladen, an dem auch dem Alkohol in großzügiger Manier zugesagt wurde. Wie bereits erwähnt war Conny hübsch sowie attraktiv und verfügte auch über eine nur schwer zu widerstehende Art von besonderem Charme – dies vor allem gegenüber dem männlichen Anteil potentieller Aspiranten. Jedoch nur selten – oder bisher eher noch gar nicht – ergab sich für K. ein Anlass zu einer möglicherweise gerechtfertigten Eifersucht im Sinne eines drohenden Verlustes an jemand anderen: dies erstens aufgrund schlichtweg fehlender möglicher Gelegenheiten, denn die meiste Zeit verbrachten sie zu zweit miteinander, und zweitens war er sich ihrer Treue zu ihm sicher, so sehr waren sie in ihrem komplexen Verbundensein – und hier vor allem die Rolle, die sie dabei einnahm – miteinander verwoben.

Zwar beneidete er sie wie bereits erwähnt um ihre Unbefangenheit, Natürlichkeit, Alltagsnähe sowie Selbstverständlichkeit und Souveränität, mit der sie ihre Ziele – denn sie hatte welche – verfolgte, doch Neid im quasi destruktiven Sinn kannte er in Bezug auf sie bis dato nicht.

Doch an jenem Abend schien es anders gewesen zu sein. Er erwachte am anderen Morgen allein in seinem Bett bereits mit dem Gefühl oder mehr noch einer Ahnung, dass etwas Bedrohliches, ihm jedenfalls nicht Erklärbares geschehen war. Diesem Impuls folgend eilte er unverzüglich zu ihrem Zimmer, welches jedoch abgeschlossen war. Er pochte mehrmals an die Tür, rief laut ihren Namen, doch niemand öffnete. Seinen Kommilitonen – wo beide den gestrigen Abend verbracht hatten – anrufen konnte er auch nicht, denn in dem Studentenwohnheim konnte man sich lediglich anrufen lassen und Mobiltelefone kannte zu dieser Zeit noch niemand.

Er setzte sich in seinen Wagen und fuhr in fieberhafter Eile zu dem Ort des gestrigen Geschehens, – dem Elternhaus seines Studienkollegen.

Als dieser ihm die Tür öffnete, bemerkte er schon an dessen Mimik und Gesamtverhalten, dass etwas Besonderes im Sinne von Schrecklichem vorgefallen sein musste. Er betrat das Zimmer und da saß sie: um ihren Kopf einen dicken weißen Verband, an dem an einigen Stellen noch Blutspuren erkennbar waren. Trotz dieses schockierenden Zustandes und nämlichen Bildes, das sich ihm darbot, schien sie gelassen und entspannt, als wäre nichts geschehen. Er jedoch suchte verzweifelt nach einer Erklärung für das Vorgefundene. Er habe – so erzählte man ihm – sie am Vorabend mit einer Flasche attackiert, worauf man sie in das nächstgelegene Krankenhaus gebracht hätte. Die stark blutende Wunde am Kopf hätte genäht und verbunden werden müssen, worauf man sie wieder entlassen hätte.

Seine ihm vorgetragene Tat in all ihrer Brisanz, Fatalität, Tragik und all ihrem Schrecken machte ihn in einem bis dahin kaum vorstellbaren Ausmaß betroffen, änderte aber nichts an der Tatsache, dass er sich nicht an das Vorgefallene erinnern konnte. Er nahm sie mit nach Hause. Sie liebte ihn und hatte ihm – zumindest schien es so – fürs Erste verziehen.

Conny stammte aus einer ‚gut bürgerlichen Familie‘, einem Dorf in Rheinland-Pfalz etwa fünfzig Kilometer entfernt. Ihr Vater war, wie sie erzählte, Beamter, zudem hatte sie noch eine ältere Schwester, welche Franz K. im Rahmen eines Besuches einmal kennenlernen durfte. Die Schwester war Lehrerin und lebte in der gleichen Stadt, wo auch Conny ihren Studien nachging. Aus ihren Erzählungen schloss er, dass sie ihre Eltern achtete, ja liebte und trotzdem machte sie keinen Hehl daraus, auch froh darüber zu sein, ihrem konservativen ‚strengen Regiment‘ nicht mehr dauerhaft und in direkter Form unterworfen zu sein. Sie fuhr nicht oft nach Hause, aber wenn sie es tat, blieb sie dort meistens für längere Zeit. Am Anfang bereitete ihm das Probleme. Er fühlte sich allein und hatte Angst, ohne seinen guten Schutzengel wieder den Boden unter den Füßen zu verlieren, doch auf die Dauer gewöhnte er sich daran und lebte auf den Zeitpunkt hin, wo sie wieder zu ihm kommen wollte. So war sie auch einmal während der Weihnachtsferien bei ihrer Familie und kehrte erst am Silvesterabend zurück. Sie rief ihn im Studentenheim an und er holte sie mit seinem Wagen am Bahnhof ab. Die Freude über ihr Wiedersehen sowie ihr

24

Verlangen aufeinander war riesig und fand ihren Ausdruck in einer spontanen innigen Vereinigung.

Conny wollte den Silvesterabend mit Franz K. allein verbringen, doch K. erhielt einen Anruf von Hermann, Student der Juristerei aus einem anderen Wohnheim des Campus, ob beide denn Lust hätten, etwas gemeinsam mit ihm zu unternehmen. Hermann hatten sie vor einiger Zeit in der Heimbar, welche jeden Mittwochabend geöffnet war, kennen gelernt. Neben der Tatsache, dass Hermann sich schon öfter für die Unternehmung von gemeinsamen Aktivitäten aussprach, machte er keinen Hehl daraus, wie sehr er von der Anziehungskraft und Attraktivität Cornelias beeindruckt war.

Conny unterstrich nochmals, den Abend lieber mit ihrem Freund allein verbringen zu wollen, doch K. entschied sich, dem Ansinnen des Bekannten – weniger aus innerer Überzeugung, sondern mehr aus einer Art von Rücksichtnahme und Loyalität ihm gegenüber – zuzustimmen, so dass sie sich letztlich trafen, um zusammen Silvester zu feiern.

Sie besuchten zuerst eine Szene-Kneipe, als zu schon später Stunde Hermann den Vorschlag machte, noch auf eine Privatfete bei Freunden von ihm zu gehen. Dort war es laut und eng. Die ausgelassene Stimmung der Anwesenden, die Art ihrer Selbstdarstellung und -inszenierung, wie sie sich untereinander verständigten und miteinander umgingen, sich, ihr

Leben und ihren (wohl nicht nur vermeintlichen) Erfolg feierten – wie es nur Angehöri-
ge einer gebildeten, priviligierten Schicht oder
Klasse vermochten –, konfrontierten ihn relativ
schnell mit seiner Situation, der des Zweiflers,
des Abkömmlings der Arbeiterklasse, welchem
man stets eingeredet hatte, sich klein zu halten,
leise und unauffällig aufzutreten. Sein Steppen-
wolf-Haar begann aufgrund des turbulenten
Geschehens um ihn herum sich mehr und mehr
zu sträuben, denn eine seiner verlässlichen
Grunddispositionen war die, dass er in solchen
Kontexten nach nicht allzu langer Zeit einen
deutlichen wegweisenden Fluchtimpuls nach
einem Ort spürte, welcher ihm wieder Ruhe,
Stille, Zurückgezogenheit und Überschaubar-
keit gewährte.

Im Gegensatz zu Franz K., der sich eher überflüssig, ja gar hilflos fühlte, hatte sich Conny
offensichtlich akklimatisiert und es schien ihr
zu gefallen. Zudem glaubte er zu bemerken,
dass sie mit all dem Charme, den sie auszu-
strahlen vermochte, in Blickkontakt der nicht
mehr neutral zu nennenden Art mit ihrem gemeinsamen Begleiter, der sie hierher geführt
und der ohnehin ein Auge auf sie geworfen hatte, stand. Dies alles machte ihn nervös und er
drang darauf zu gehen, was sie – samt Hermann
– dann auch taten.

Im Nachhinein konnte er sich noch vage
daran erinnern, dass er Conny unten an der
Fahrstuhltür attackierte – in welcher Form ge-

nau, jedoch nicht mehr. Danach ging er in seiner Betroffenheit über das Geschehene so-sowie all das ihm die letzten beiden Stunden Widerfahrene für eine Weile an die frische Luft, um sich etwas zu erholen und neu zu sortieren. Als er nach einer Weile zurückkam, waren beide – Conny und Hermann – verschwunden.

Wo konnten sie hingegangen sein? Er ahnte Fürchterliches. Draußen war es kalt und es schneite unaufhörlich, die Silvesternacht hatte alles mit einer dicken weißen Decke überzogen. Sein Wagen stand noch in der Stadt vor der Kneipe, in der sie eingangs gewesen waren – zudem hatte er schon etwas getrunken. Plötzlich kam ihm eine Ahnung, wo sie sein könnten und er machte sich zu Fuß entlang der Straße auf den Weg. Nach nur kurzer Zeit kam ein freies Taxi vorbei. Er hielt es an, stieg ein und ließ sich hinfahren, wo er sie mit großer Wahrscheinlichkeit vermutete: die Unikneipe unter der Mensa.

Auch dort war es erwartungsgemäß voll und laut. Ein flüchtiger Blickkontakt mit dem Kee-per hinter der Theke veranlasste diesen, ihn mit einem vertrauten Lächeln zu begrüßen, was Franz K. zumindest für den Moment ein Gefühl von Wärme, Heimat und Geborgenheit verlieh – ein paar Momente später jedoch der harten, kalten, ernüchternden Realität weichen musste. Er ging die lange Theke entlang, wo er so oft gesessen hatte und plötzlich sah er beide in dem Getümmel ganz am Ende – in enger Vertrautheit, die Köpfe dicht einander zugewandt.

K. überlegte nicht lange, ging zu Conny und fragte, was das Ganze zu bedeuten hätte. Sie sagte ihm gelassen und in ruhigem Ton, er solle nach Hause gehen, morgen käme sie zu ihm und dann würden sie reden. Was sollte er tun? Er erahnte, ja wurde sich mehr und mehr klar darüber, was er ihr vor noch nicht allzu langer Zeit angetan hatte, konnte gleichzeitig diesen Anblick nicht länger ertragen, es auch nicht fassen, was er da sah und wünschte sich nur noch eines: in seiner grenzenlosen Betroffenheit allein zu sein, das Geschehene erst einmal ankommen zu lassen – zudem spürte er eine ihn erschlagende und lähmende Müdigkeit.

Er bahnte sich einen Weg durch das dicht an dicht stehende und tanzende Feiervolk, erreichte schließlich den Ausgang und watete durch den mittlerweile hohen Schnee zu dem Wohnheim, wo sich sein rettendes Zuhause, sein ihm Ruhe gebendes Zimmer befand und legte sich dort angekommen erschöpft in sein Bett – dem Ort, wo er noch vor wenigen Stunden mit ihr vereint gewesen war.

Nach dem Erwachen am darauffolgenden Neujahrstag eilte er nach unruhigem Schlaf geradlinig in unaufhaltsamer Eile zu ihrem Zimmer: es war abgeschlossen und trotz mehrmaligen heftigen, ja verzweifelten Klopfens öffnete niemand. Sofort überfiel ihn eine zwar – bezogen auf das in der zurückliegenden

Nacht Geschehene – naheliegende, für ihn jedoch bitterböse Ahnung, wo sie mit großer Wahrscheinlichkeit bzw. Sicherheit sein könnte. In dem benachbarten Wohnheim von Hermann angekommen, bestätigte sich sein Verdacht auf das Fatalste: sie war bei ihm und hatte auch dort die Nacht verbracht. Beide waren dicht einander zugewandt, wobei die Selbstverständlichkeit und Kälte, mit welcher ihm dies – und hier vor allem durch Conny – demonstriert wurde, K. in einem bis dahin kaum gekannten Maß an Grauen bis ins Tiefste seiner Seele erschaudern ließen. Ihr Verhalten war dergestalt schlüssig und überzeugend, dass ihm trotz der vernichtenden Information, die es in sich barg, auch keine – möglicherweise naheliegende – Aggression, sondern nur das Eine zuließ: es als gegeben zu akzeptieren.

Untermauert wurde diese Akzeptanz – zumindest rational – durch die Erinnerungen an jene Geschehnisse der vergangenen Nacht, als er Conny etwas unsanft anging, worauf sie sich bereitwillig in die offenen Arme seines Widersachers flüchtete. Ebenso griffen genau in diesem Moment mal wieder Franz K's tief verwurzelte Selbstzweifel dahingehend, dass er sich fragte, ob er es denn überhaupt die ganze Zeit des Zusammenseins mit ihr verdient gehabt hätte – ja habe – eine Frau von solcher Attraktivität seine Freundin bzw. Geliebte nennen zu dürfen.

Jener Hermann nun verkörperte in seiner Gesamtdarstellung und -erscheinung sowohl ein mehr an Bodenständigkeit als auch Selbstbewusstsein, zudem verfügte er bei objektiver Betrachtung im Rahmen seines Studiums der Juristerei für den Moment als auch perspektivisch über eine klarere, sicherere sowie nach allgemeinem Verständnis mit höherem Status, d. h. Ansehen verbundene Handlungskompetenz.

Franz K. stammelte noch ein paar Worte, was das Ganze zu bedeuten hätte, doch bereits während seiner Frage bemerkte er, wie sinnlos sie vor seinem eigenen Hören klang und somit vollkommen überflüssig und absurd erscheinen musste. Zudem waren sie klarster Ausdruck einer ernüchternden, bodenlosen Hilflosigkeit.

Er wandte sich ab und ging hinaus in die Kälte. Inzwischen dunkel geworden, stapfte er allein und einsam ziellos durch den winterlichen Schnee, schrie in seiner Verzweiflung vor sich hin, bis er schließlich nach geraumer Zeit erschöpft zu seinem ihm Schutz gewährenden Zimmer zurückkehrte.

In der Folgezeit klammerte er sich in seinem Wunschdenken an die vermeintliche Gewissheit, dass das Vorgefallene nur ein situativer ‚Ausrutscher‘, ein ‚Intermezzo‘ von überschaubarer, ja kurzer Dauer wäre, Conny eigentlich zu ihm gehöre, sich auch darauf besinnen und zu ihm zurückkehren werde. Es schien ihm schier unmöglich, sich an den Gedanken zu gewöhnen, dass ihr Verhalten den Charakter des Endgültigen haben könnte – dies vor allem vor dem Hintergrund all der ihm aufkommenden Erinnerungen an ihre gemeinsame Zeit, ihr szs. symbiotisches Zusammensein im durchweg positiv besetzten Sinne. Öfter sah er sie unten auf dem Zugangsweg zum Heim vorbeigehen, auf den er von oben aus seinem Fenster blicken konnte und dabei jedes Mal der sehnsuchtsgeleiteten Illusion aufsaß, dass dies nicht der letzte Stand der Dinge sein könne.

Nicht lange danach hatte er eine Seminararbeit zu schreiben, welche nach einiger Zeit auch fertiggestellt war. Franz K. hatte sie von Hand geschrieben und da er kaum über Schreibmaschinenkenntnisse verfügte, ging er kurzerhand zu ihr und fragte, ob sie ihm helfen und den Text ins Reine übertragen, d. h. tippen könne?

Sie vereinbarten einen zeitnahen Termin bei ihm, welchem Conny auch nachkam. Dabei ergab sich die lange von ihm ersehnte Gelegenheit zu einer Aussprache, bei der sie ihm eröffnete, dass er am zurückliegenden Silvesterabend zwei Fehler gemacht habe, welche die jetzige Situation begründeten.

Erstens wäre sie damals nach ihrer Rückkehr von ihren Eltern lieber zu Hause, d. h. im Studentenheim mit ihm allein geblieben, um dort zu zweit in aller Bescheidenheit im kleinen Rahmen zu feiern und nicht stattdessen durch die Kneipen zu ziehen. Zweitens hätte Hermann ,niemals eine Chance gehabt', hätte Franz K. sie an besagtem Silvesterabend nicht – und dann noch nach ihrer Ansicht aus nichtigem Grund – attackiert. Es sei dadurch etwas unumkehrbar in ihr zerbrochen. Hermann sei zwar nicht unbedingt ihr Traumtyp, doch er sei gut zu ihr und mit der Beziehung zu K. sei Schluss, was er endgültig einsehen müsse. Dies alles trug sie in derart überzeugender Art vor, dass ihm nichts anderes übrigblieb, als es zu glauben und letztlich auch zu akzeptieren.

Für Franz K. begann eine chaotische Zeit, welche auch den Besuch von Gaststätten und den Konsum von Alkohol beinhaltete. Darin unterstützt wurde er durch einen ähnlich verzweifelten Kommilitonen, mit welchem er des öfteren die Nacht zum Tag machte. Der Höhepunkt seiner Kneipenkarriere gipfelte darin, dass er eines späten Abends, als er nach Hause kam, sein Zimmer in Brand setzte. Es war nach dem Besuch des Informatikerballs, welcher sich in universitätsinternen Kreisen als auch weit darüber hinaus großer Beliebtheit erfreute. Er schlief ungewollt auf seinem Bett ein, als eine noch brennende Kerze den Kunststoffbehälter der unter ihr stehenden Kaffeemaschine in Brand setzte. Dabei hatte er noch Glück, indem andere Bewohner des Flurs die starke Rauchbelastung bemerkten, ihn durch langes, lautes Klopfen an seiner Tür weckten und gemeinsam den Brand unter Kontrolle bringen konnten. Er legte sich danach wieder hin und schlief weiter, doch am nachfolgenden Morgen zeigten sich bei Tageslicht erst die verheerenden Folgen an der Möblierung sowie an den Wänden. Ein kleiner Trost war die Tatsache, dass er finanziell nicht zur Verantwortung gezogen wurde, denn das Studentenwerk hatte sich vor etwa einem Jahr – wie ihm später mitgeteilt wurde – durch einen ähnlich gelagerten Fall gegen solche Vorkommnisse versichert.

Aufgrund all dieser Ereignisse, welche in obiger Nacht gipfelten, zog er aus dem Studentenheim aus und verließ auch somit – indem er in der Folgezeit eher zurückgezogen lebte – zu großen Teilen die direkte studentische Szene.

Einige Zeit später erzählte ihm ein Kommilitone, welcher die Geschichte von Conny und Hermann als auch die Beiden selbst beiläufig kannte, sie zusammen gesehen zu haben: aufgrund ihrer auffälligen Größendifferenz hätten sie wie ‚Pat und Patachon' gewirkt und vor allem gaben sie nach seiner Einschätzung kein glückliches Bild miteinander ab. Auch hätte er kurz mit Conny gesprochen und den Eindruck gehabt, dass sie ihn – Franz K. – insgeheim immer noch liebe.

Auch K. traf sie noch einmal. Es war an einem Samstagabend in der Stadt. Er verdingte sich neben seinem Studium als Aushilfstaxifahrer und stand an einer Haltestelle im Zentrum, als sie plötzlich neben ihm an der Tür seines Wagens stand. Sie hatte immer noch den Charme und den Reiz, die er in seiner Erinnerung an sie gespeichert hatte. Ihr Gespräch hielt nicht lange an und erging sich eher in Beiläufigkeiten, was er mittlerweile auch ohne größere emotionale Anwandlungen – wie etwa Verlustgefühle oder Trauer – akzeptieren konnte.

Nach dieser zufälligen Begegnung sah er Conny nie wieder, doch manchmal noch dachte er an sie und die gemeinsame Zeit mit ihr. Er fragte sich, wie wohl ihr weiterer Lebensweg verlaufen sei.

Lange Zeit später hatte er beruflich in einem Nachbarort ihres Elternhauses zu tun. Er musste plötzlich an sie denken und im Rahmen eines Anflugs von Neugierde und Nostalgie gleichermaßen entschied er sich, dorthin zu fahren und es zu suchen. Verlassen und trostlos stand es da, an jenem trüben Nachmittag im November.

Er hielt eine Weile inne, startete den Wagen und fuhr davon.

Erzählung 2

An einem verregneten frühen Freitagabend im Oktober 1995 hatte Franz K. plötzlich das Gefühl, als würde ihm der Boden unter seinen Füßen entzogen. Seine Gedanken kreisten unaufhörlich, ohne Unterbrechung – eine diffuse, unerklärliche Angst beschlich ihn. Was war der Gegenstand dieser Angst? Er wusste es nicht, vermochte ihn nicht fassen, doch eines spürte er in aller Deutlichkeit und konnte es – so gerne er es auch getan hätte – nicht leugnen: die Angst stellte eine Bedrohung, eine Gefahr dar, welcher er sich nur schwer gewachsen sah. Da die zu dieser Jahreszeit übliche frühe Dunkelheit bereits hereingebrochen war, hatte er das Licht angemacht. In seiner Wohnung, welche zur Hälfte unter der Erde lag, stand er an dem Fenster, welches auf gleicher Höhe mit dem Gehweg, der außerhalb vorbeilief, abschloss. Dort sah er bei Tageslicht, wenn er darauf achtete, die Füße und Beine der Vorbeilaufenden. Doch jetzt war es dunkel und er sah niemanden, er war allein.

– Erst vor wenigen Wochen, gegen Ende des Sommers, war er aus dem osteuropäischen Ausland zurückgekommen, wo er seinen dreijährigen Sohn besuchte und auch unweigerlich Kontakt zu dessen Mutter, seiner Ex-Frau hatte. Es kam wie schon so oft zu Missverständnissen, und in diesem Zustand trat er auch die lange Rückreise an. Er stoppte den Wagen noch einmal hinter der Grenze an einer Tankstelle und rief aus einer Telefonzelle an – um Harmonie, Versöhnung sowie gegenseitiges Verstehen und Verständnis bedacht, doch vergebens: seine Ex-Frau traktierte ihn in der ihm gewohnten beleidigenden, kalten und unversöhnlichen Art. Eine Annäherung war aussichtslos, das musste er akzeptieren. Er beendete schließlich das Telefonat. Ihm waren noch die Bilder seines dreijährigen, im Hof seiner Großmutter mit den Hühnern spielenden Sohnes in Erinnerung, von dem er vor etwa einer Stunde weggefahren war und den er wohl für lange Zeit nicht wiedersehen würde. Tränen schossen ihm in die Augen.

Das Thermometer zeigte an diesem späten Vormittag im August annähernd 40 Grad Celsius. Er füllte den Tank seines Wagens bis zum Anschlag, entkleidete sich bis auf die Badehose und trat die Rückfahrt von ca. tausend Kilometern an. Erst am späten Abend traf er vollkommen erschöpft in seinem Wohnort ein.

Es war an einem Mittwoch. Für den Rest der Woche hatte er noch Urlaub, bevor er wieder in den ungeliebten Alltag seiner Arbeit zurückkehren musste – auch dort erwartete ihn weniger bis nichts Gutes: eine wahrscheinliche, ja unvermeidbare Trennung, welche den unwürdigen Abschluss eines schon seit längerer Zeit nicht mehr haltbaren Beschäftigungsverhältnisses bilden sollte. –

Eine seit etwa einer Woche bestehende Verabredung mit seiner Schwester zum Pizzaessen stand für diesen Abend an – er solle sie zu Hause abholen, um anschließend gemeinsam zum Restaurant zu fahren. Der Gedanke daran und die Aussicht darauf erleichterten und ängstigten ihn zu gleichen Teilen.

Er versprach sich davon Abwechslung und Fürsorglichkeit – dass ihm das Zusammensein mit einem lieben vertrauten Menschen in einem Lokal, in dem sich sicherlich gutgelaunte und wohlmeinende Menschen aufhielten, helfen würde. Ebenso befiel ihn aber auch die Angst vor der an einem Freitagabend vollbesetzten Pizzeria. Würde er das in seiner übersensiblen bedürftigen Lage ertragen? Was wäre, wenn die anderen seine prekäre Situation auf irgendeine Weise bemerkten? Wie sollte er sich seiner Schwester gegenüber verhalten? Sollte er sie in seine Bedrängnis einweihen, würde sie dann angemessen reagieren oder wäre es besser – sowohl für sie als auch ihn – sich so zu geben, als wäre nichts geschehen, ja möglicherweise das Vorgaukeln von Normalität als ein Akt der Eigentherapie anzusehen?

Von seinen Grunddispositionen her war Franz K. gerne allein und konnte sich in diesen Situationen der Abgeschiedenheit mental, emotional sowie auch sonst gut versorgen. Ebenso sehnte er sich nach anderen Menschen, nach Gemeinschaft und Austausch. Nicht selten – wie etwa in der momentanen Situation – be-

befand er sich zwischen diesen beiden Antipoden, konnte sich nicht für eine der Optionen klar entscheiden, was er im Falle einer milderen Anwandlung dieser Art ganz gut wegzustecken vermochte, in anderen Fällen jedoch zu einer nur schwer zu ertragenden, ihn dauerhaft quälenden Anspannung führen konnte. An diesem Abend war er in genau jenem Zustand, der ihn mit all seiner Brisanz gefangen nahm, keinen Raum für solche Arten der Eigenanalyse und -reflexion, welche aus einer sicheren Metaposition hätten vorgenommen werden können, zuließ. Nein, Franz K. war gänzlich Opfer einer Angst geworden, welcher er nicht Herr zu werden wusste und der er sich hilflos ausgeliefert sah.

Er schickte sich schließlich an, verließ die Wohnung, stieg in seinen Wagen und machte sich auf den Weg zu seiner Schwester. Sie wohnte im Westteil der Stadt, eine Fahrzeit von ungefähr – wenn er ohne Probleme durchkam – zwanzig Minuten. Es regnete. Die unentwegt sich bewegenden Scheibenwischer seines Wagens sowie die blendenden Lichter der ihm entgegenkommenden sowie hinter ihm fahrenden Fahrzeuge erforderten seine ganze Aufmerksamkeit.

Sie erwartete ihn schon. Auch er freute sich, sie zu sehen in ihrer ihm – allgemein sowie im Besonderen genau in diesem Moment – willkommenen Mischung aus Wohlwollen, Ent-

schiedenheit und Souveränität, was in ihrer Ge-
samtheit eine Art von bodenständiger Normalität verkörperte, von welcher er sich – zumindest zu überwiegenden Teilen – Vertrauen
schaffende Bodenhaftung versprach. Wie gewohnt einem Ritual folgend hielten sie sich
noch eine Weile in ihrer Wohnung auf, bevor
sie in Richtung Restaurant aufbrachen.

Dort war es erwartungsgemäß voll, doch er
ertrug es, spürte gar eine Art von Sicherheit
unter den – seine akute Befindlichkeit betref-
fend – arglosen Menschen, welche es sich zur
Einleitung des Wochenendes gutgehen ließen.
Auch seine Schwester war bester Laune,
welche er – gepaart mit dem Gefühl der
Sicherheit, die er (zumindest hier) verspürte –
nicht durch das Erzählen seiner notdürftigen
Lage enttäuschen oder stören wollte. Doch ein
Gedanke beschäftigte ihn unentwegt und
bereitete ihm ein Gefühl von abgrundtiefer
Angst: was kam danach, wenn er sie nach
Hause gebracht hatte, wieder allein war und
sich mit der bevorstehenden Nacht konfrontiert
sah?

Und so kam es auch. Als sie das Restaurant
verlassen hatten, fuhr er sie nach Hause, verabschiedete sich von ihr in der gewohnt herzlichen Manier, so als wäre alles in Ordnung und
fuhr davon.

Nun war er allein. Es war gegen 22.00 Uhr.
Er spürte tief in seinem Innern, dass er eines
nicht durfte: nach Hause in seine Wohnung

zurückkehren. Das Nachtleben in dieser Stadt war ihm nicht fremd, denn bis vor nicht allzu langer Zeit hatte er sich hier des nachts, und dies vor allem am Wochenende, als Taxifahrer etwas dazu verdient.

Er wollte, konnte und durfte jetzt nicht allein bleiben, wobei es nicht unbedingt nötig war, mit jemandem zu reden – was ihm sicherlich gutgetan hätte, doch er wusste nicht mit wem. Es schaffte bereits etwas Abhilfe und Erleichterung, einfach unter Menschen zu sein, sie zu sehen und zu hören – eine mehr oder minder distanzierte Art der Anwesenheit, des Dabeiseins, des Dazugehörens.

Unterdessen zu Fuß unterwegs und nicht lange zögernd entschied er sich, beim ersten leuchtenden Transparent anzuhalten, die Tür zu öffnen und einzutreten. Es war eine Nachtkneipe, die er von seinen Taxifahrerzeiten her kannte und unter normalen Umständen nicht frequentiert hätte. Nicht dass er etwa unangenehme Erinnerungen an sie hatte – nein, er fand sie einfach nicht interessant und die Leute, die er damals dort hin- oder abtransportiert hatte, ebenso. Doch in seinem momentanen Zustand wollte und konnte er nicht wählerisch sein. Da der Abend bzw. die Nacht noch vergleichsweise ‚jung‘ war, hielten sich auch nicht allzu viele Gäste im Innern des Lokals auf. Das reichte ihm, eine höhere Dichte an Menschen wäre ihm wiederum eher störend und lästig erschienen. Es lief Musik in vertretbarer Lautstärke und auch sonst schien die Atmosphäre eher einladend. Er setzte sich an die Theke und bestellte einen Kaffee mit etwas Wasser.

Da saß er nun. Man beachtete ihn kaum und ließ ihn in Ruhe. Alles, was er wahrnahm, die Musik, die Stimmen, die Menschen geschah szs. nur global, aus der Distanz heraus ohne eigene Partizipation – was ihm jedoch genau entgegenkam.

Nach einiger Zeit spürte er plötzlich eine unbändige, zwingende Müdigkeit aufkommen, welcher er sich nicht mehr verschließen konnte und welche nur noch eines zuließ: die Rückkehr in seine Wohnung. Er zahlte und machte sich auf den Weg nach Hause. Dort angekommen, steigerte sich der anfängliche Zustand der Müdigkeit gleichsam in den einer Erschöpfung. Er zog sich rasch aus, legte sich hin und schlief sofort ein.

Am nächsten Morgen, schon beim Erwachen von Angst und Panik befallen, sprang er sofort auf, denn er spürte momenthaft und ohne den geringsten Zweifel, dass er hier nicht bleiben konnte. Er musste raus, weg von hier, irgendwo hin. Ihm fiel ein beiläufiger Bekannter ein, den er unlängst kennengelernt hatte. Dieser wohnte nicht weit von ihm. Er machte sich auf den Weg. Franz K. traf ihn nur selten. Seit einiger Zeit hatte er ihn gar nicht mehr gesehen, doch er erinnerte sich seiner als ein stets gut gelaunter Zeitgenosse. Dies bestätigte sich auch, als jener ihm die Tür öffnete. Er wirkte etwas überrascht, lachte, schien sich also letztlich über den Besuch zu freuen und bat ihn herein. Nach nur kurzer Unterhaltung beschlossen beide, einen Spaziergang in den nahegelegenen Wald zu machen.

Grundsätzlich liebte es Franz K., sich in der freien Natur zu bewegen und dies besonders an einem schönen Herbsttag im Oktober, wie dieser einer war. Doch heute war es anders: Seine sonst gekannte Freude an solchen Aktivitäten wurde getrübt durch den unablässigen bedrohlichen Gedanken, es könne im Wald fernab von Menschen etwas geschehen, d. h. er könne z. B. umfallen, keine Luft mehr bekommen, der Notfallwagen müsse ihn abholen – und: könnte dieser überhaupt bis hierher kommen, um ihn zu finden? Er, der es immer tatkräftig angepackt hatte, plötzlich ein hilfloses, bedürftiges, dem Rettungsdienst ausgeliefertes Opfer?!

Je tiefer sie in den Wald eindrangen, umso mehr steigerte er sich in dieses vorgestellte Szenario hinein. Etwas Milderung wurde ihm durch die Begleitung seines Bekannten zuteil. Dieser bewirkte durch seinen – was K.'s Zustand anging – ahnungslosen und an der Oberfläche sich bewegenden Smalltalk über Allgemeines eine Rückkehr zur Normalität und hatte insoweit etwas Beruhigendes sowie Angstlösendes. Außerdem würde ihm dieser, sollte es wirklich soweit kommen, dass ihm etwas zustoßen würde, mit Sicherheit beistehen und helfen. Je näher sie sich wieder dem Waldrand näherten, umso mehr spürte er, wie der Druck nach und nach weniger wurde. Sie gingen zurück in die Wohnung seines Begleiters, welcher ihm dort in freundlichen doch deutlichen Worten eröffnete, dass er bald wegmüsse, denn er sei beruflich für den Wochenenddienst eingeteilt. Franz K. bedauerte dies und ihm blieb nichts anderes übrig, als es zu akzeptieren, bedankte sich für die ihm widerfahrene Gastfreundschaft und fuhr davon.

Aber wohin?!

Er dachte an seine Eltern, die ein paar Orte weiter wohnten und machte sich auf den Weg. Dort angekommen, stellte er zu seiner großen Ernüchterung fest, dass die Eltern, welche sich sonst fast ausschließlich zu Hause aufhielten, genau jetzt nicht anzutreffen waren. Franz K. war im Besitz eines Schlüssels und hätte sich so Zugang zu seinem Elternhaus verschaffen können, doch was sollte er hier? Er ertrug es nicht, in seinem momentanen Zustand allein zu sein – nein, er wollte bzw. musste unter Menschen, dort wurden seine Anflüge von Angst und Panik etwas gemildert, er fühlte sich sicherer.

Es war unterdessen später Samstagnachmittag und ihm fiel das hiesige Schwimmbad ein, welches er früher gern besucht hatte und das ihm auch jetzt ein willkommener Zufluchtsort sein könnte. Da es schon gegen Feierabend ging, hielt sich die Besucherzahl in Grenzen – eine angenehme Verteilung, nicht zu viel und nicht zu wenig. Auch hier im Schwimmbecken wartete er szs. darauf, dass ihm etwas zustoßen, etwas passieren könnte. Doch er wusste nicht, was und es tat sich auch nichts dergleichen – der Badebetrieb nahm seinen gewohnten Lauf und auch er lief mit. Es gab ihm ein wenig Ruhe und Vertrauen, diese mit souveräner Gelassenheit ablaufende Szenerie in ihren ihm wohltuenden Erscheinungsformen mit all seinen Sinnen zu erfassen sowie zu Teilen selbst daran zu partizipieren.

Doch ein Gedanke ließ nicht von ihm ab. Wie noch unlängst mit seiner Schwester in der Pizzeria sowie seinem Bekannten beim Waldspaziergang dachte er daran, wie es nach dem Schwimmbadbesuch weitergeht, wenn der ihm Erleichterung verschaffende Betrieb eingestellt wird, das Licht und die Musik ausgehen, alle weg sind und er wieder auf sich selbst zurückgeworfen sein wird.

Die Feierabendmusik verkündete das Ende der Badezeit, alle – so auch er – verließen das Becken, duschten, zogen sich an und gingen ihrer Wege. Franz K. ertappte sich dabei, dass er die anderen in ihrer Gelassenheit ausstrahlenden Normalität beneidete, wie sie mit großer Selbstverständlichkeit ihrem Samstagabend entgegengingen.

Er fuhr erneut zu seinen Eltern. Sie waren unterdessen zu Hause. Als er ihnen von dem Vorgefallenen berichtete, stieß er nur auf Unverständnis, d. h. sie konnten mit der Schilderung seines Zustandes nichts anfangen, es lag außerhalb ihres Verstehenshorizonts, weit jenseits ihrer gewohnten und ihnen Sicherheit gebenden Alltagskategorien. Er solle sich zusammenreißen, dann würde es schon gehen. Dabei mochte und achtete Franz K. seine Eltern, auch erkannte er ihren guten Willen sowie die ebenso gutgemeinten Ratschläge, die sie ihm gaben, doch wie auch in so vielen anderen Dingen gingen auch hier ihre Ansichten weit auseinander. Dieses Mal blieb es jedoch nicht bei einem alltäglichen und insoweit nicht weiter zu problematisierenden Auseinanderdriften ihrer Meinungen, Anschauungen und Überzeugungen – nein, er brauchte dringend Hilfe, wie diese auch immer aussehen würde.

In seiner argen Bedrängnis rief er vom elterlichen Telefon den ärztlichen Notdienst an. Es meldete sich sofort jemand, es war ein Frauenarzt. Franz K. ließ sich die Adresse geben und fuhr hin. Nachdem er seine Geschichte aufs Notwendigste dargelegt hatte, verschrieb ihm jener etwas, was gegen die Angstzustände wirken sollte und er sich im Anschluss auch in der Apotheke, welche Wochenenddienst hatte, besorgen konnte.

Wieder kehrte er zu seinen Eltern zurück. Dort

angekommen machte er den Zustand, in dem
dem er sich befand, nicht mehr zum Thema –
man fragte auch nicht danach. Es war eine
Welt, in der solche Arten der Befindlichkeit
keinen Platz fanden, es fehlte sowohl das Verständnis dafür als auch die Bereitschaft dazu.
Er aß noch mit ihnen zu Abend, erging sich
dabei in Allgemeinheiten und trat daraufhin
wieder den Weg in den bereits vorgerückten
Samstagabend an.

In der Mittelstadt nebenan wusste er um eine
Diskothek, welche ihm als Zufluchtsort für die
nachfolgende Zeit dienen könnte. Dort erhoffte
er sich Ablenkung und Erleichterung, was ihm
über die vergleichsweise lange Zeit, in der er
sich dort aufhielt, auch gewährt wurde. Ebenso
ließ ihn das anschließende Kebabessen beim
Türken wieder Anschluss an das Leben in Form
von Vertrauen gebender Normalität finden. Er
gehörte in Verbundenheit mit den anderen dazu
und machte sich gleichzeitig seinen Selbstwert
und seine Gewichtigkeit deutlich, indem er die
Fähigkeit zum Genuss spürte und diesen auch
zuließ.

Als Franz K. spät in der Nacht nach Hause
kam, legte er sich unmittelbar nach Betreten
seiner Wohnung müde und erschöpft wie am
vorigen Abend nieder und schlief augenblicklich ein. Nach einiger Zeit erwachte er wieder.
Panikartig sprang er aus dem Bett, denn er
glaubte, keine Luft mehr zu bekommen, eilte zu

der ihm am Vorabend verschriebenen Medikamentenpackung, riss sie mechanisch – wie von fremder Hand geleitet – auf und schluckte rasch eine Tablette mit etwas Wasser herunter. Da jene offensichtlich für genau solche Notsituationen konzipiert und insoweit hochdosiert war, dauerte es nicht lange, bis er deren wohltuende Wirkung bemerkte. Nicht nur erleichtert, sondern grenzenlos dankbar spürte er, dass seine Angst und Panik schwanden, die Atmung sich normalisierte.

Eine solche Notsituation erlebte er noch einmal einige Zeit später – wieder während der Nacht. Auch dieses Mal schaffte er sich Erleichterung durch die Einnahme einer Tablette. Nach Möglichkeit wollte er jedoch darauf verzichten, d. h. ohne dieses fremde, künstliche, von außen kommende Vehikel in Form eines Medikaments auskommen. Er wusste, dass es nicht zur Gewohnheit, zu einem Dauerzustand werden durfte, dies verbot ihm allein schon sein Stolz, seine Würde sowie sein Selbstverständnis, welches sich daher rekrutierte, Situationen auszustehen, sich ihnen zu stellen und sie letztlich mit Hilfe seiner ihm zur Verfügung stehenden Selbstheilungskräfte zu bewältigen. Nichtsdestotrotz trug er jene immer mit sich, sie verliehen ihm ein Gefühl der Sicherheit und wurden so zu wichtigen, ja unverzichtbaren Komparsen seines Alltags.

Da er noch berufstätig war, begleiteten ihn seine Befindlichkeiten auch an seiner Arbeitsstätte in Form eines latenten, doch ständigen Gefühls der Angst, dass ihm etwas zustoßen könne. Er konnte es nicht genau fassen, was es war. Das nicht abzuweisende Gefühl einer Bedrohung war einfach da – mal mehr, mal weniger je nach Situation, in der er sich befand. Tendenziell beruhigend wirkte sich jedenfalls auch weiterhin aus, unter Menschen zu sein oder sich zumindest in deren Nähe aufzuhalten.

Auch bemerkte er, dass sich seine olfaktorische Wahrnehmung durch die Nase, also sein Geruchssinn verstärkte. Dies nicht nur im angenehmen Sinn, wie er es z. B. bei einem berufsbedingten Besuch in einer KFZ-Werkstatt feststellen musste. Der dort nicht zu vermeidende Geruch von Motorenöl versetzte ihn sogleich in einen Anflug von Erstickungsangst und erst mit Hilfe seiner intellektuellen Bewertung, welcher ihm die Harmlosigkeit jenes Stoffes verdeutlichte, gelang es ihm, sich wieder zu beruhigen.

Ebenfalls unterlag er bei ehedem gewohntnormalen Alltagsaktivitäten schmerzlichen Einschränkungen. So, als er joggen gehen wollte und es kaum noch wagte, sich von seinem am Waldrand geparkten Wagen, welcher ihm das Gefühl der Sicherheit verlieh, zu entfernen. Ähnlich beschlich ihn die Angst, wenn er weiter wegfahren musste, ihm könne in der Fremde etwas zustoßen und er wäre dem hilflos ausgeliefert.

Seine visuelle Wahrnehmung veränderte bzw.

intensivierte sich insoweit, dass er an den Gesichtsausdrücken der ihm begegnenden Menschen deren vermeintlichen oder auch tatsächlichen Gefühlszustand glaubte ablesen zu können. So einmal in der Warteschlange an der Kasse, als er den Eindruck gewann, von vielen traurigen Menschen umgeben zu sein. Insgesamt unterlag er einer Hypersensibilität bzgl. all der Reize, die in seinem Alltag auf ihn einwirkten.

Nachdem Franz K. einige Zeit so zugebracht hatte, kam ihm der Gedanke an eine Frau, die er noch vor seiner krisenhaften Zeit kennengelernt hatte. Er erinnerte sich an sie als sehr warmherzig und liebenswürdig – damals auf einem folkloristischen Abend, an dem auch Live-Musik dargeboten worden war. Sie waren miteinander ins Gespräch gekommen und stellten während ihrer Unterhaltung fest, dass sie etwas Gemeinsames verband: Ihr Schwager, der Sänger der auftretenden Musikgruppe, kam aus dem gleichen Land, welchem auch K.'s Ex-Frau entstammte. Dieses Land hatte für ihn insofern einen besonderen emotionalen Stellenwert. Beim Abschied ließ sie sich vom Wirt noch ein Blatt Papier mit Stift reichen, um ihm ihre Telefonnummer zu notieren.

K. begann den Zettel zu suchen und fand ihn auch. Ewas zerknittert und verloren wirkend steckte er in einer Nebenabteilung seines Portemonnaies. Beim Anblick der in blauer Tinte geschriebenen Nummer kamen ihm wieder nach und nach Erinnerungen in Form von Bildern an jenen Abend, und ebenso glaubte er ihre warme einladende, Ruhe ausstrahlende Stimme zu hören.

Entsprechend seiner – auch sonstigen Dingen gegenüber – eher zögerlichen Haltung brauchte er mehrere Tage, bis er sich endlich ein Herz fasste und anrief. Es war *ihre* Stimme, jedoch nur in Form des Anrufbeantworters, welcher verkündete, sie wäre für zwei Wochen in Italien, bei Hinterlassen einer Nachricht würde sie aber umgehend zurückrufen. Er sprach seinen Namen und Telefonnummer auf das laufende Band und erwähnte als Anlass den Abend, an dem sie sich kennengelernt hatten.

Franz K. wartete. Nach einigen Tagen, an einem frühen Abend, läutete das Telefon. Es war *sie*. Während ihrer lange andauernden Unterhaltung schien es ihm aufgrund der Art der Vertrautheit bereits ab den ersten Sätzen, als hätten sie das letzte Mal gestern miteinander geredet und würden sich schon seit langer Zeit kennen.

Am Ende des Telefonats trafen sie die Verabredung, sich in einer Szenekneipe im Stadtzentrum zu treffen. Dort erzählte sie ihm, sie sei frühpensionierte Gymnasiallehrerin für Französisch, Englisch und Italienisch – zudem habe sie Bekannte in der Toskana, woher sie auch gerade komme. Dies sei ihre zweite Heimat, wo sie in der Regel die Hälfte des Jahres verbringe.

Ihr Name war Elke. Franz K. schaute sie sich genau an und kam aufgrund seiner Wahrnehmung sowie der Informationen, die sie ihm darbot, zu dem Ergebnis, dass sie um einiges älter war als er. Als K. sie nach ihrem Alter fragte, – was er in diesem Fall glaubte sich erlauben zu dürfen –, gab sie bereitwillig Auskunft. Er musste dreizehn Jahre hinsichtlich seines Alters dazu zählen. Dies störte ihn jedoch nicht, denn seine Absicht war lediglich die, einen warmherzigen, wohlmeinenden, empathischen und nach Möglichkeit intelligenten Menschen kennenzulernen – jemanden, der ihn verstehen wollte und auch verstand, der es gut mit ihm meinte, dem er sich ohne falsche Etikette anvertrauen konnte. All diese von ihm ersehnten Eigenschaften schien diese Frau nach seinem ersten Eindruck in sich zu vereinen, zudem wirkte sie in der Lebendigkeit und Leidenschaft, wie sie sich präsentierte, alles andere als das, was man gemeinhin gerne mit der Vorstellung von ‚alt' verbindet. Ebenso gewann auch ihr Äußeres bei genauerem Hinsehen durch ihre lebensbejahende Art etwas Jugendliches und dadurch gar möglicherweise Reizendes. Sie trennten sich schließlich in beidseitiger Übereinstimmung, weiterhin in Kontakt zu bleiben.

Bei jenem Treffen hatte Franz K. ihr noch nichts von seiner besonderen Situation, d. h. seinen Angst- und Panikattacken erzählt, sah Elke aber schon damals als geeignet an, sie darin bald einzuweihen. So kam er wieder eines späten Abends bereits mit der Vorahnung nach Hause, seine psychische Verfassung könne mal wieder außer Kontrolle geraten. Er beobachtete sich selbst dabei, wie die Angst in ihm hochkroch und glaubte anfangs noch im Rahmen dieser Selbstbeobachtung, welche quasi von außen stattfand sowie der Tatsache, dass er diese Anwandlung bereits kannte, sie bagatellisieren und dadurch unter Kontrolle bringen zu können. Doch genau das Gegenteil des von ihm Geglaubten und – vor allem – Erhofften trat ein. Es war die Angst vor der Angst, welche er mit rationalen Überlegungen nicht bändigen konnte, sondern sich stattdessen im Rahmen einer unkontrollierbaren, unaufhaltsamen Eigendynamik ins Panikartige steigerte. Was sollte er tun, wer und was könnte ihm helfen an diesem späten Abend? Totenstille um ihn, allein und verlassen in seiner Wohnung halb unter der Erde?!

In seiner Verzweiflung machte er etwas, was er vorher noch nie getan hatte: Er rief den ärztlichen Notdienst an, welchen er auch erreichte. Der Arzt – zumindest glaubte K., dass es ein solcher war –, dem er seine Not schilderte, schien ihn nicht zu verstehen oder nicht verstehen zu wollen. Im Gegenteil, Franz K. schien es so, dass ihn jener nicht ernst nahm, sich gar über ihn lustig machte. Nach mehreren Versuchen, doch noch eine gemeinsame Gesprächsebene herzustellen, erkannte er schließlich dessen Vergeblichkeit, beendete das Gespräch und blieb in seiner Betroffenheit allein zurück.

Ihm fiel *sie* ein in ihrer generösen, verstehenden und billigenden Art – ihre angenehme Stimme und Warmherzigkeit als auch ihr Intelligenz und Ruhe ausstrahlender Gesichtsausduck. Bestimmt würde sie – auch wenn es schon sehr spät war – nicht abweisend reagieren und ihn anhören. Ohne lange zu überlegen griff er zum Hörer. Nach mehrmaligem Läuten meldete sie sich. Es tat ihm gut, ihre Stimme zu hören. Auf seine Frage, ob er denn zu so später Stunde nicht störe, beruhigte ihn Elke mit der Bemerkung, dass sie noch wach gewesen sei und sein Anruf insofern kein Problem darstelle. Außerdem liebe sie den Abend und die Nacht, was sie sich als Rentnerin auch durchaus erlauben könne.

Auf die Frage, was er mache und wie es ihm gehe, brach es förmlich aus K. heraus und er schilderte ihr ohne Schönfärberei, wie es um ihn bestellt war. ‚Wenn du willst, kannst du zu mir kommen‘, war ihre spontane erfrischende Reaktion, was bei ihm nichts Geringeres als ein befreiendes Gefühl der Erlösung, der Rettung auslöste. Sie gab ihm ihre Adresse und er machte sich flugs auf den etwa fünfundzwanzigminütigen Weg. Schon in seinem Wagen spürte er, wie seine Angst allmählich schwand und sich ein Gefühl von Vertrauen und Hoffnung einstellte. Ohne Mühe fand er die Straße und Hausnummer, welche sie ihm genannt hatte.

Es war ein mehrstöckiges Appartementhaus in einer Sackgasse nicht weit entfernt vom Zentrum, in dem sie eine geräumige Vierzimmerwohnung besaß. Unter den zahlreichen Namen, die neben der Eingangstür aufgelistet waren, erkannte er nach kurzem Suchen den ihren und läutete. Ein Summen signalisierte ihm, dass er eintreten durfte. Eilends die beiden Treppen zum ersten Stockwerk genommen, war er schon an seinem Ziel angekommen. Durch den schmalen Spalt der bereits geöffneten Tür lächelte sie ihm entgegen, bat ihn einzutreten und umarmte ihn herzlich im Sinne von freundschaftlich

Nachdem er die kleine Diele passiert hatte, kam er in ein geräumiges, großzügig eingerichtetes Wohnzimmer – ausgestattet mit breiten, tiefliegenden, zum Sitzen einladenden fauteuils, in deren Mitte auf einem niedrig gehaltenen Tisch eine Kerze brannte. Aus einer Ecke spendete eine Stehlampe angenehm-diskretes Licht. Ein Gutteil der Wände war mit auf den ersten Blick interessant scheinenden Bildern behangen.

Es empfing ihn eine ganzheitlich einladendwarme, Vertrauen schaffende Atmosphäre, welche das Bild, das er von Elke bisher gewonnen hatte, widerspiegelte und sich ihm somit als eine in sich stimmige Gesamtkomposition darbot. Erleichtert ließ sich Franz K. in einen der braunen ledernen Sessel sinken, Elke auf das angrenzende Canapé zu seiner Rechten.

Wohl als Zeichen von sozialer Intelligenz und Empathie zu verstehen war ihre sanfte und diskrete Art, wie sie das brisante Thema, das ihn so spät zu ihr geführt hatte, anging. So erzählte sie leise aber betont einiges aus ihrem eigenen Leben, welches sie bisweilen auch in einen übergeordneten philosophischen Kontext einzuordnen versuchte, was für K. den wohltuenden Effekt hatte, dass sich der enorme Druck, der ihn hatte hierherkommen – oder besser flüchten – lassen, relativierte, ja mehr und mehr von ihm genommen wurde. Auch trug er nach und nach zur Unterhaltung bei, indem er ihre Beiträge durch Episoden aus seiner Vergangenheit ergänzte, so dass beide letztlich zu dem Ergebnis kamen, dass sich ihre Lebensbilder samt allem, was sich daraus ableitete, zu großen Teilen ähnelten. Auch die dazwischen geschalteten längeren Gesprächspausen hatten den Charakter einer unausgesprochenen, dafür umso intensiver gefühlten Einigkeit und Verbundenheit.

Die Nacht schritt ungeachtet ihres tiefgehenden ergiebigen Austausches voran, als sich beide schließlich dahingehend einigten, dass Franz. K. nicht mehr nach Hause fahren, sondern bei ihr bleiben würde. Wie Elke im Rahmen der Unterhaltung erzählt hatte, war sie Mutter einer Tochter und eines Sohnes, welche vor ihrem Auszug bei ihr gewohnt hatten und deren Schlafzimmer sich noch in unverändertem Zustand befanden. Sie bot ihm eines der beiden zwecks Übernachtung an, was er bereitwillig und dankbar annahm.

Er schlief tief und gut, doch seine Nacht war kurz. Schon früh klingelte der Wecker, den sie ihm gegeben hatte, damit er rechtzeitig wach wurde, um zur Arbeit zu kommen. In der Küche herrschte bereits morgendliche Betriebsamkeit wie eilige Schritte, das Klirren von Geschirr sowie Gute-Laune-Musik aus dem Radio. Der Duft von frisch aufgebrühtem Kaffee komplettierte die frühmorgendliche Dynamik, welche keinen Widerspruch wie etwa den eines Leugnens oder sich Entziehens zuließ. Letztere waren auch nicht seine Absicht. Seine sonst – wenn er allein zuhause erwachte – eher *kafkaeske*, zwittrige diffuse Gefühlslage sowie Perspektive waren zwar auch hier und jetzt deutlich präsent, dies jedoch in abgemilderter oder zumindest veränderter Form, indem sie stattdessen einer Art von Lebendigkeit, Entschlossenheit, ja freudiger Erwartung auf das Kommende zu weichen schienen – was er deutlich spürte zulassen zu müssen, dies auch zu wollen und es somit letztlich auch tat.

Es war ein sonniger freundlicher Oktobermorgen, was der um ihn herum stattfindenden Geschäftigkeit noch zusätzliche Legitimation verlieh. Mit Elan sprang er aus dem Bett, unterzog sich wie gewohnt einer heißkalten Wechseldusche, um in diesem neuen Tag anzukommen. Nach abgeschlossener Toilette und einer kurzen Meditation – ein Ritual, das ihm auch hier unverzichtbar erschien – folgte er der bereits seit Erwachen wahrgenommenen Geräuschkulisse sowie dem verlockenden Duft von Kaffee, welcher ihn in die Küche führte, wo Elke ihn mit dem ihr so typischen – und ihm bereits so liebgewordenen – Lächeln empfing.

Nachdem sie K. freundschaftlich begrüßt und sich nach seinem Befinden erkundigt hatte, bat sie ihn, an dem reichlich gedeckten Frühstückstisch Platz zu nehmen, was Franz K. auch bereitwillig tat.

Im Hinblick auf ein rechtzeitiges Losfahren zu seiner Arbeit blieb ihm nicht mehr allzu viel Zeit, doch die, welche ihm zur Verfügung stand, genoss er intensiv und dies in mehrfacher Hinsicht. Neben den Leckereien, die sich ihm darboten und an denen er auch – im Vergleich zu seinem sonstigen Frühstück allein zu Hause – mit Freude und Appetit partizipierte, war es die gesamte freundliche, warmherzige Atmosphäre – und hier im Besonderen *sie* –, was ihn an diesem frühen Morgen in nichts weniger als eine Art von Glückseligkeit zu setzen vermochte. Ebenso trug die von ihm geahnte Lebendigkeit außerhalb des Hauses – sie wohnte, wie bereits erwähnt nahe am Zentrum der Stadt, im Gegensatz zu seiner Wohnstätte, die eher abgelegen war und er sich nicht selten isoliert und von der Außenwellt wie abgeschnitten fühlte – zu seiner freudigen Erwartung hinsichtlich dieses neuen Tages bei.

Nach dem Frühstück verabschiedeten sich beide herzlich mit der Aussicht, sich bald wiederzusehen. K. machte sich auf den Weg zu seiner Arbeit, wo ihn das Geschehene noch den ganzen Tag über begleitete.

Von nun an wurden ihre Treffen immer häufiger. Wenn sie in Elkes Wohnung zusammenkamen und dort den Abend verbrachten, war dies gleichbedeutend damit, dass Franz K. auch über Nacht blieb. Sie erzählten sich mehr und mehr voneinander – dabei bemerkten beide, was sie trennte, aber auch, wo ihre Gemeinsamkeiten lagen, welche deutlich überwogen.

Ihr Verhältnis war geprägt von gegenseitiger Rücksichtnahme, Achtung und Respekt. Neben ihrer Güte, Bildung, Intelligenz und Lebenserfahrung bewunderte K. Elke dahingehend, dass sie in sich ruhte, bei sich angekommen war und zu wissen schien, was sie wollte. Elke wiederum betonte öfter seine ‚Jugendlichkeit‘, womit sie das Altersgefälle von dreizehn Jahren zwischen ihr und ihm meinte. Beide profitierten auf jeweilige Art voneinander und hier wiederum im Besonderen Franz K., indem seinen Angstgefühlen und –zuständen nach und nach bestenfalls noch der Status einer Nebenhandlung zukam.

Bei ihren weiteren Zusammenkünften unternahmen sie auch viel außerhalb Elkes Wohnung. Beide liebten die Natur, die Stille und das Besinnliche, was sie bei ihren langen Spaziergängen auch reichlich auslebten. Ebenso besuchten sie die eine oder andere kulturelle Veranstaltung und bisweilen aßen sie auch im Restaurant. Besonders beliebt waren ihre Tagesausflüge ins nähere oder weitere Umland wie zum Beispiel den Bliesgau oder die faszinierende Natur des Nordsaarlandes. Ebenso führte ihr Weg nicht selten über die Grenze ins benachbarte Frankreich. Dies verstand sich szs. als ein ‚Muss', allein schon aufgrund beider frankophilen und frankophonen Neigungen.

In der Folgezeit wurde es zur Selbstverständlichkeit, dass Franz K. in ‚seinem' Gästezimmer übernachtete.

Elke war zwar um einiges älter als er, doch trotz ihrer Jahre eine Frau mit einer gehörigen Portion an Leidenschaft sowie einem gleichsam südlichen Temperament. Nicht umsonst hielt sie sich die Hälfte des Jahres in ihrer zweiten Heimat Italien auf, deren Mentalität und Sprache sie liebte und letztere auch fließend beherrschte.

Es kam der Tag, als Elke Franz K. unverblümt und in aller Deutlichkeit eröffnete, dass sie in ihm auch ‚den Mann' sehe und genau an diesem in all seinen Erscheinungsformen Interesse hätte. Dies schmeichelte ihm einerseits, machte ihn aber auch betroffen und verunsicherte ihn dahingehend, dass er seine Rolle ihr gegenüber bezüglich ihres Ansinnens überprüfen und ggf. neu ordnen müsste. Bisher war sie für ihn lediglich die gute Freundin oder der weibliche Kumpel, welch beides nach seinem Empfinden auch den Charakter des Mütterlichen – allein schon aufgrund des nicht unerheblichen Altersunterschieds – innehatte und er folglich bzgl. der neu formulierten Bedürftigkeit von Elke keine Möglichkeit des Entgegenkommens erkennen konnte. Er sah sich plötzlich einem fatalen Zwiespalt unterworfen: weder wollte er das ausnehmend Wertvolle, das sie für ihn verkörperte, verlieren – noch wollte und konnte er ihren neuerlichen Aspirationen, wie sie es sich wünschte, nachkommen.

Er hatte Glück. Zwar wies sie immer wieder auf ihr Begehr hin und übte insoweit eine gewisse Art von Druck auf ihn aus, doch hielt sie das System aufrecht durch die unausgesprochene Duldung seines diesbezüglichen Rückzugs. Zumindest hatte es für ihn den Anschein, dass dem so wäre. Sie trafen sich weiterhin, erfreuten sich ihres tiefgehenden regelmäßigen Austauschs sowie ihrer gemeinsamen Unternehmungen. K. nächtigte danach in ‚seinem‘, d. h. dem Fremden- bzw. Kinderzimmer in Elkes Wohnung.

Ihre gemeinsame Zeit verbrachten sie ausschließlich zu zweit – ein Freundeskreis, in den beide eingebunden gewesen wären, war nicht vorhanden. Jeder von ihnen hatte den Großteil seiner jüngeren Vergangenheit im Ausland verbracht, so dass für das Schließen und Pflegen von Freundschaften hierzulande wenig Zeit und

und Gelegenheit geblieben war.

Und doch überraschte ihn Elke eines Abends mit der Mitteilung, sie wäre bei einem bekannten Lehrer-Ehepaar, zu welchem ein sonst nur weitläufiger lockerer Kontakt bestand, eingeladen. Natürlich bezog sich dies auch auf ihn, welcher szs. in der Eigenschaft als ihr Partner in die Einladung mit eingebunden war. Zwar sah sich K. nicht direkt als Freund menschlicher Zelebrationen und für einen Moment spürte er bei der Nachricht, wie sich sein Steppenwolfhaar in die Höhe reckte, doch trotz dieser Widrigkeit willigte er vergleichsweise schnell ein – dies allein schon ihr zuliebe.

Es war an einem Samstagabend. Elke hatte für den Besuch eine Garderobe gewählt, welche gegenüber ihrer sonstigen Kleiderwahl eher den Charakter des Mondänen hatte, was K. vom ersten Blick an nicht verborgen blieb und als Ergebnis seiner Prüfung ein sofortiges volles ‚d'accord' nach sich zog. Auch er tauschte seine gewohnte legere Kleidung gegen eine etwas gediegenere aus, um dem bevorstehenden Ereignis den möglicherweise von der anderen Seite erwarteten würdigen Rahmen zu geben.

Sie fuhren mit ihrem Wagen. Franz K. spürte förmlich die Freude, welche Elke in Erwartung des Besuches bei den Freunden ausstrahlte. Nach einer guten halben Stunde waren sie am Ziel. Das gesamte Wohnumfeld wie auch das Haus ihrer Gastgeber zeugte von einer gewissen Noblesse, was K.'s Annahmen, die er bereits im Vorfeld entworfen hatte, bestätigte. Ebenso ereilte ihn ein spontaner Impuls, welcher ihm signalisierte, dass er es hier mit Angehörigen einer gehobenen Bildungsschicht, ausgestattet mit der ihr eigenen Art der Inszenierung sowie der ebenso gesicherten finanziellen Ausstattung und Absicherung zu tun hatte: ein Lehrerehepaar, welches das aktive Arbeitsleben abgeschlossen hatte und sich bereits im Ruhestand befand.

Elke betätigte die Klingel, und es öffnete kurz darauf die über das gesamte Gesicht strahlende Dame des Hauses. Gleich hinter ihr erschien auch schon ihr Gatte, welcher sich durch ebenso einladende Gesten präsentierte. Ohne eine etwaige Bewertung vornehmen zu wollen, sah sich K. bei dieser ersten direkten Begegnung mit den Gastgebern bzw. Freunden von Elke wiederum in seinen Vorannahmen bestätigt. Doch er war szs. nur das Anhängsel, die Protagonistin war sie – was auch genau seinem vorgestellten sowie gewünschten Entwurf für diesen Abend entsprach und alles andere ihn insofern auch nicht weiter zu interessieren hatte. Die Begrüßung als auch die weitere Konversation gestaltete sich in einem herzlichen Ton, welcher von gelegentlichen – als Ausdruck der Freude über das Wiedersehen zu verstehenden – Temperamentsausbrüchen angereichert wurde. Franz K. beobachtete Letzteres vor allem bei seiner Begleiterin. Der Besuch bei den Freunden an diesem Abend schien Elkes lebenslustige ‚italienische' Seite zu favorisieren, ja in vollendeter Form zum Ausdruck zu bringen. Er erlebte sie gleichsam zum ersten Mal in direkter Gesellschaft, denn bislang waren beide i.d.R. allein – und davon den größten Teil in ihrer Wohnung.

Elkes über die gesamte Dauer des Aufenthalts anhaltende, ihm bis dahin fremde, fast zügellose Lebendigkeit, ja Dominanz weckte in ihm das Bild einer begehrenswerten Frau – weit hinausgehend über das bisherige, nämlich das der Gesprächspartnerin, guten Freundin, Helferin in der Not u. ä. Komplettiert wurde seine neue Wahrnehmung durch die ihre Weiblichkeit betonende Kleidung – namentlich des eng anliegenden, ihre Hüften in aller Deutlichkeit abbildenden dunkelblauen Rockes.

Der Abend verlief gut. Franz K. hielt sich im Hintergrund. Bisweilen wurde er – wohl eher aus Schicklichkeitsgründen – seitens der beiden Gastgeber angesprochen, worauf er jeweils artig antwortete – ansonsten schien man ihm zu erlauben, sich in der Beobachterposition einzurichten, was ihm genau zustatten kam: es genügte ihm, den Protagonisten des Geschehens – und hier vor allem Elke – zuzusehen.

Spät geworden, d. h. bereits weit nach Mitternacht reifte bei allen Beteiligten mehr und mehr der Entschluss, sich zu trennen. Man versicherte sich noch einmal des schönen gelungenen Abends sowie der Absicht einer baldigen

Wiederholung und ging guter Dinge auseinander.

Auf dem nächtlichen Nachhauseweg wirkte der gelungene Abend noch auf Elkes Stimmung nach: sie war in besonderem Maße heiter, fröhlich und lebendig, wovon sich auch K. bereitwillig mitreißen ließ und sein Gesamtbild von ihr bzgl. ihrer neu gewonnenen Attraktivität noch einmal umso mehr unterstrich. Nach und nach wuchs in ihm das nicht mehr zu leugnende Bedürfnis, Elkes schon so oft an ihn herangetragenem Wunsch einer ganzheitlichen Vereinigung nachzugeben. Es dürfte ihm nicht schwerfallen, sie davon zu überzeugen – genau das Gegenteil würde mit großer Wahrscheinlichkeit eintreten: beide Arme geöffnet, ihn bereitwillig, ja sehnsüchtig erwartend und empfangend.

Als sie in ihrer Wohnung ankamen, ließen sie die Erlebnisse des zurückliegenden Abends noch einmal Revue passieren. Sie unterhielten sich in der ihnen gewohnten Form. K. erfreute sich noch einmal an seinem neuen erweiterten Blick auf Elke, dies jedoch ohne jedwede Anmerkung o. ä., was von ihr diesbezüglich hätte bemerkt werden können. Er genoss förmlich diesen Zustand – ihm kamen Erinnerungen an die gefühlsmäßigen Spannungen, welche er als Kind im Vorfeld des Weihnachtfestes gespürt hatte und ihn in eine verheißungsvolle, wohltuende, süßlich-prickelnde Erwartungshaltung versetzten.

Es war schon gegen Morgen, als sie mehr und mehr die heraufkommende Müdigkeit spürten und sich entschlossen, ihre Konversation zu beenden, um zu Bett zu gehen. Franz K., der kein Freund schneller Entscheidungen war, sich nicht selten in einer ihn lähmenden zirkelhaften ergebnislosen Dauerreflexion gefangen sah, wollte es in diesem Fall nicht bei dem bisher üblichen freundschaftlichen ‚Gute Nacht‘ - Küsschen mit der nachfolgenden Trennung belassen, überwand seine sonst eher üblichen Entscheidungsschwierigkeiten in ungewohnt schneller Manier und schritt zur Tat, indem er Elke in zweifelsfreier Absichtsbekundung an sich zog und sie mit seinen gierigen Händen an der Stelle, die er den gesamten Abend über mit seinen Blicken fixiert hatte, an sich zog. Ihre ursprünglich formulierte Müdigkeit offensichtlich vergessend, reagierte sie auf Abhieb adäquat, d. h. sein Ansinnen erwartungsgemäß billigend, ja leidenschaftlich beantwortend – analog ihrer Avancen, welche sie im gesamten Vorfeld nie vergaß, an ihn heranzutragen. Sie küssten sich innig und überließen sich ihrer an diesem frühen Sonntagmorgen neu entdeckten zügellosen Lust.

Obgleich Elke bis dahin K.'s gehegte Absicht einer ‚nur‘ freundschaftlichen Beziehung all die Zeit akzeptiert hatte, sah sie sich nun an ihrem Ziel, nämlich dem einer ganzheitlichen Vereinigung mit einem aus ihrer Sicht attraktiven und um einige Jahre jüngeren Mann. Franz K.

wiederum war erstaunt – einerseits über ihre zügellose Lust und Leidenschaft, welche sie trotz ihres nicht unerheblichen Altersunterschieds in unverblümter Form an ihn herantrug und andererseits, wie unbefangen er sich trotz anfänglicher, d. h. über lange Zeit ihn hemmenden Bedenken auf ihr Begehren einlassen konnte, gar wollte, indem er sich einfach fallen und der gesamten Eigendynamik des Geschehens freien Lauf ließ.

Retrospektiv seines ursprünglichen Ansinnens an diese Frau – eines Menschen, der ihn in seinen quälenden unkontrollierbaren Angst- und Panikattacken verstand, ihm Zuversicht, Wärme, Geborgenheit und dadurch das Gefühl von Sicherheit und Hoffnung gab – wurde ihre Beziehung nun um eine neue Qualität ergänzt, ja mit dem Fokus auf einen neuen Schwerpunkt gar erweitert. Bisweilen erinnerte er sich noch der Anfänge und Gesetzmäßigkeiten, welche dazu führten. Seine Krankheit jedenfalls schien fürs Erste zu großen Teilen überwunden: einigermaßen selbstsicher und vertrauensvoll begegnete er seinem gegenwärtigen Zustand und ebenso blickte er auch in seine – wenn auch nur in diffusen Umrissen sich ihm darbietende – Zukunft.

Elke genoss den nun eingetretenen Zustand des ganzheitlichen Zusammenseins in vollen Zügen, und auch er ließ sich einstweilen auf die neuen Verlockungen ein. Davon unberührt pflegten sie auch weiterhin ihre gewohnte Konversation. K. hörte ihr gerne zu, wenn sie aus ihrem reichhaltigen Schatz an Lebenserinnerungen und -erfahrungen, welche sie mit allgemeinen darüber hinausgehenden philosophischen Betrachtungen verknüpfte, erzählte – was überdies zu großen Teilen auch seiner Sicht der Dinge entsprach. Ebenso vermochten ihre Warmherzigkeit und Sensitivität, gepaart mit Bildung und Intelligenz ihn jedes Mal aufs Neue zu beeindrucken und zu vereinnahmen.

Neben ihrer gepflegten und ausgedehnten, oftmals tiefgehenden Gesprächskultur hielten sie auch an ihren Außenaktivitäten fest. So besuchten sie bisweilen ein Restaurant, partizipierten an kulturellen Veranstaltungen, machten Ausflüge sowohl im Nahbereich als zu weiter entfernten Zielen wie über die Landesgrenze ins benachbarte Frankreich. –

Dieses ungeheuren Schatzes ungeachtet spürte Franz K. jedoch – nunmehr der Rolle des hilfsbedürftigen, nach Verständnis, Wärme, Geborgenheit und Sicherheit Suchenden entwachsen – mehr und mehr das Bedürfnis nach Veränderung: die neu zu definierende Beziehung zu Elke mit der von ihr möglicherweise erwarteten und so von ihm gefühlten moralischen wie auch lebensperspektivischen Verbindlichkeit passten nicht in sein Konzept von denkbarer zukünftiger Endgültigkeit.

Ein Hinderungsgrund, die nun zu einer Ganzheitlichkeit gereifte Beziehung in all ihren Erscheinungsformen aus der Sicht und dem Empfinden K.'s dauerhaft zulassen zu wollen, ja zu können, lag in der nunmehr – auf den ersten Blick paradox erscheinenden – regelmäßig und mit größtem Selbstverständnis gelebten Sexualität, dies auch vor dem Hintergrund von Elkes bereits fortgeschrittenem Alter. Eine weitere – und damit wohl tieferliegende – Ursache ließe sich zu nicht ungehörigen Teilen in einer seiner Grunddispositionen finden, Nähe sowie dauerhafte Verbindlichkeit nur schwer zulassen zu können. Doch eines war ungeachtet aller möglicher Ursachen in diesem Fall sicher: seine Liebe zu Elke war offensichtlich nicht hinreichend, um sich quasi für immer im Status Quo einrichten zu wollen und zu können.

Beide lebten einstweilen in der gewohnten Form, wie sie es auch bisher getan hatten. Er genoss soweit als möglich die Vorteile, welche ihm die Beziehung darboten, und auch sie bemerkte nichts von seinen schwelenden Bedenken, sondern wähnte sich in ihrer Liebe zu ihm in einem unbeschwerten, reinen Gefühl der Sicherheit.

Doch bei K., der bekanntlich kein Freund von schnellen – sowie überhaupt – Entscheidungen und vor allem deren Umsetzung war, meldete sich mehr und mehr der Drang nach Veränderung. Er litt zweifelsohne unter dieser Unfähigkeit, sich dauerhaft einzulassen, sich zu bekennen, anzukommen, was möglicherweise auch – neben anderen Gründen – verantwortlich für seine Angst- und Panikattacken war.

Jenes Unvermögen war ungeachtet aller Nachteile ein unabänderlicher Bestandteil seines – nicht mit Absicht gewählten, sondern unbewusst gesteuerten, doch in seiner Rigorosität letztlich handlungsleitenden – Lebensentwurfs.

Nach längerem Überlegen entschied er sich für eine Kontaktanzeige in der örtlichen Tageszeitung. Neben dem Umstand, dass er den Großteil seiner Freizeit mit Elke verbrachte, entsprach dies auch am ehesten seinem Naturell dergestalt, dass er diese Art des Kennenlernens gegenüber der direkten menschlichen Begegnung – in diesem Fall der Werbung um die Gunst des anderen Geschlechts – aufgrund tendenzieller Schüchternheit sowie seiner alltäglichen raumgreifenden Gedankenversunkenheit vorzog. Zudem hatte diese Methode den Charakter des experimentellen, ergebnisoffenen Abenteuers – eine Aussicht, die ihm durchaus reizvoll erschien. Er verfasste einen nach seiner Ansicht ansprechenden Text und gab ihn zwecks baldiger Veröffentlichung an die örtliche Tagespresse.

Als Reaktion erreichten ihn in der Folgezeit mehrere Zuschriften von interessierten Damen, von denen ihm nicht wenige interessant genug erschienen, um telefonischen Kontakt aufzunehmen sowie sich im Anschluss mit einigen zu treffen. Das Ergebnis war jedoch aus unterschiedlichen Gründen im Gesamten ernüchternd und enttäuschend dahingehend, dass sich aus den Telefonaten und Zusammenkünften keine befriedigende Perspektive bezüglich seiner Vorstellungen ableitete.

Als Franz K. seine Bemühungen schon gänzlich einstellen wollte, bemerkte er beim nochmaligen Durchsehen der Zuschriften, dass ein Brief übriggeblieben war, den er bislang übersehen hatte. Genaugenommen hatte er ihn nicht beachtet, d. h. nicht in die engere Wahl mit einbezogen. Der Grund lag einfach in der Entfernung, welche annähernd achtzig Kilometer betrug. Zwar war er aus seinen bisherigen Beziehungen größere bis (sehr) große Distanzen – man betrachte z. B. die Herkunft seiner Ex-Frau – gewohnt und in der Regel stellte sich dies auch als kein zwingender Hinderungsgrund dar. Im Gegenteil: er sah es mitunter als besondere Herausforderung an, was dem Ganzen auch den Reiz des Neuen, Unbekannten, Abenteuerlichen gab. Doch dieses Mal zögerte er genau ob dieses Merkmals einer vermeintlich zu großen örtlichen Distanz.

Möglicherweise stand er noch unter dem Einfluss der Beziehung und späteren Ehe zu seiner aus dem osteuropäischen Ausland stammenden Ex-Frau, welche durchaus seiner oben erwähnten Abenteuerlust entgegen kam, gleichwohl aber auch viel Mühe und Entbehrungen beinhaltet hatte. Zudem brauchte er erst einmal Abstand von all den Begegnungen der vergangenen Tage – dies vor dem Hintergrund der bezüglich seiner Ursprungsabsicht doch eher enttäuschend zu nennenden Ergebnisse. Nicht zuletzt lief all dies seiner Grundausstattung, nämlich der einer Steppenwolf-Mentalität mit dem Hang zur Abgrenzung sowie zum Alleinsein in nicht unerheblichem Maße zuwider, so dass er deutlich seine Grenzen spürte, die es nun aus Gründen des Selbstschutzes wieder aufzurichten galt.

Er ließ die Sache fürs Erste ruhen und widmete sich seinen Alltagsgeschäften, was auch die gewohnten Zusammenkünfte mit Elke beinhaltete. Diese wiederum bemerkte nichts von seinen geheimen Gedanken und Plänen. Sie liebte ihn in all seinen Facetten und zeigte es ihm in ungeschminkter Echtheit und Offenheit.

Franz K. neigte zwar i.d.R. dazu, Entscheidungen – und vor allem deren Umsetzung – in eine nicht klar zu definierende Zukunft aufzuschieben, konnte aber bisweilen ins Gegenteil tendierend davon abweichen, indem er genau hinsichtlich des Vorhabens, das er so lange vor sich hergeschoben hatte, plötzlich handlungsfähig wurde.

So war es auch in diesem Fall. An einem frühen Mittwochabend griff er sich ohne lange Vorüberlegungen den noch übrig gebliebenen Brief, unterstrich mit dem ersten Stift, den er zu greifen bekam, die am Ende stehende Telefonnummer und rief diese schlankerhand an.

Es meldete sich eine engelsgleiche Stimme, welche er in dieser Intensität von anmutiger Sanft- und Klarheit zuvor noch nicht gehört hatte. Zudem verbarg sich in ihr zweifelsohne ein nicht zu leugnender Hauch des Erotischen, was ihn augenblicklich dazu veranlasste, sich in seiner Fantasie ein Bild ihres Äußeren auszumalen, welches folgerichtig ausschließlich mit den attraktivsten Attributen besetzt war. Was ihren Reiz noch steigerte, war die Tatsache, dass sie alles Gesagte in einem bis ins Detail elaborierten Hochdeutsch vortrug. Zwar wohnte sie in einem benachbarten Bundesland, welches auch für seinen typischen etwas derben Dialekt bekannt war, was ihn somit etwas befremdete, ja ihm – aus der Arbeiterschicht stammend, wo man sich mit größtem Selbstverständnis in der einfachen Heimatsprache verständigte und diejenigen, die sich der Hochsprache bedienten, gerne als ‚Nestbeschmutzer‘, ‚arrogante Säcke‘, ‚Hochstapler‘ o. ä. ansah – gar Bedenken von möglicher eigener Inferiorität bereitete – diese jedoch durch die nach seinem Verständnis harmonische, ja freundlich-wärmende Art, wie sie redete letztlich zu großen Teilen überwunden und ausgeräumt wurden.

Auch das, was sie erzählte, sprach ihn ganzheitlich an. So lag die Betonung u. a. auf ihrer Liebe zur Natur und ihrem Interesse an sportlichen Aktivitäten aller Art – was auch seiner Vorstellung von einem guten, sinnvollen und gelungenen Leben entsprach. Ihr Name war Monika, beruflich war sie in einem Gesundheitsberuf mit eigener Praxis tätig.

Der ergiebige verbale Austausch zwischen

ihnen zog sich weit über zwei Stunden hin und am Ende vereinbarten sie ein baldiges Treffen.

Franz K. musste sich nach diesem von ihm so empfundenen Dauertelefonat erst einmal erholen, sich sofortige Ruhe gönnen, so sehr hatte ihn jenes vor dem Hintergrund seiner in sonstigen Kontexten doch eher gewohnten und praktizierten Wortkargheit sowie Introvertiertheit gefordert. Gleichzeitig befand er sich in einer Art Glücksschwindel – den nüchternen Niederungen des Realen endlos weit enthoben. Gespannt und erwartungsfroh begleitete ihn diese neu gewonnene Gefühlsqualität durch seinen Alltag – hin auf den ersehnten Tag der persönlichen Begegnung.

Ausgemachter Treffpunkt war ein Parkplatz oberhalb Mettlach, einem Ort im Nordwesten des Saarlandes, etwa in der Mitte von K.'s und Monika's Wohnsitz gelegen, damit nicht einer nachteilig zum Vorteil des anderen zu weit fahren musste – eine Form der Parität gleich von Beginn an; zudem eine touristisch attraktive Region, was dem Ganzen noch einen zusätzlichen Reiz verlieh.

Auch das Wetter meinte es gut: ein sonniger, milder, ja schon warm zu nennender, gleichsam der Seite eines schönen Bilderbuchs entnommener Samstagnachmittag im Mai. Franz K. kam zuerst an. Der Parkplatz lag zur einen Seite am Waldesrand, zur anderen neben einer stark befahrenen Hauptstraße. Er überlegte zuerst, in seinem Wagen sitzen zu bleiben und zu warten, allein schon, um sich gegen den unvermeidlichen penetranten Autolärm, welcher um ihn herum tobte, zu schützen. Doch die gespannte Erwartungshaltung und Neugierde trieb ihn nach einer Weile trotz dieser widrigen Bedingungen nach draußen. Außerdem verspürte er den Drang nach Bewegung, um sich dadurch die nötige Erleichterung zu verschaffen.

Natürlich hatten beide gegen Ende ihres Telefonats, als die Absicht eines Treffens nach und nach konkreter wurde, bereits markante Erkennungsmerkmale wie z. B. ihr jeweiliges Aussehen, die Marken der Wagen, deren Farbe sowie die amtlichen Kennzeichen ausgetauscht, um ihr ‚blind date‘ nicht der Gefahr auszusetzen, schon gleich zu Anfang ins Leere zu laufen. Insoweit hatte K. bereits einige Informationen, auf welche sich sein Augenmerk fokussieren konnte, was er – möglichst unauffällig, um gegenüber der jeden Moment zu erwartenden Dame wiederum nicht den Verdacht einer besonderen Bedürftigkeit seinerseits zu erwecken – auch tat. Nicht zuletzt nagten genau in diesem Moment auch wieder – zwar eher leichte, doch deutlich spürbare – Zweifel an ihm, ob er denn hier an diesem Ort und in dieser Absicht richtig wäre; was alles weniger moralischen Bedenken (bzgl. Elke) entsprang, sondern schlichtweg einen Teil seiner Persönlichkeit zum Ausdruck brachte, nämlich stets alles in Frage zu stellen, auch wenn dieses und jenes als schon beantwortet galt sowie jedwede Zweifel daran als ausgeräumt anzusehen waren. Ebenso kamen ihm Gedanken an Flucht, ans Weglaufen, einfach nicht hier sein, wie er es schon so oft in seinem Leben kannte und auch nicht selten praktizierte. Dies u. a. aus Fragestellungen wie ‚Darf ich überhaupt hier sein?' ‚Bin ich es denn wert, habe ich es überhaupt verdient, dass sich – in diesem Fall – eine zu erwartende attraktive Frau die Mühe macht, sich mit mir zu treffen?' Ebenso die ihm vertraute Tendenz der Trivialisierung, ja gänzlichen Falsifizierung der aktuellen Situation, in der er sich gerade befand und nicht zuletzt die Ausflüsse seiner grundlegenden Steppenwolf-Mentalität, welche ihm einzugeben versuchten, dass er ja gar nicht hier sein wolle, er dies gar nicht nötig habe, sondern eher und lieber allein mit seinen Gedanken und (Tag)Träumen wäre.

Nichtdestotrotz verfügte er aber auch über eine Art von lederhafter Zähigkeit, welche ihm diktierte, an dem schon mal Begonnenen dran zu bleiben, es zu Ende zu führen, koste es was es wolle. Nicht zuletzt trieb ihn auch die Neugierde an, was alles ihn letztlich hier verharren und weiter warten ließ.

Sein Gefühls- und Gedankenkarussell wurde jäh unterbrochen, als eine nobel aussehende dunkelblaue Limousine mit forschem Schwung in die Einfahrt des Parkplatzes einbog. Die Prüfung des dazugehörigen Kennzeichens, welches Franz K. nur für einen kurzen Augenblick erhaschen konnte, ließ keinen Zweifel daran, dass es sich um die Ankunft seiner erwarteten Verabredung handelte. Als der Wagen zum Stehen kam, stieg oder eher hüpfte sie heraus und begrüßte ihn mit einem ‚Willkommen' heißenden Lächeln, welches an weiblicher Überzeugungskraft kaum zu überbieten war. Dies ebenso bezüglich restlicher Merkmale inklusive der unverkennbaren engelsgleichen Stimme, welche ihn unmittelbar an ihr Telefonat erinnerte und einen seither bleibenden Eindruck hinterlassen hatte. Ihre körperbetonte schwarze Bekleidung bildete einen gelungenen Kontrast zu den blonden schulterlangen, kunstvoll gedrehten Haaren und wies jedweden möglichen Zweifel an der Attraktivität ihrer femininen Reize a priori zurück.

Franz K. ereilten angesichts dieses überwältigenden Eindrucks quasi wie auf Knopfdruck wieder die ihm nur allzu bekannten Denkmuster wie ‚Habe ich dies verdient?', ‚Ist mir das nicht zu groß?' sowie die daraus abgeleiteten möglichen Fluchtimpulse, verfiel aber dank seiner Fähigkeit zur fatalistischen Sichtweise sowie Bewertung entsprechender Situationen in eine stoische Ruhe und dadurch – zumindest nach außen hin scheinende – Souveränität, welche sein inneres Inferno im Verborgenen hielt. Sie begrüßten sich in angemessen-artiger Manier und setzten zu einem gemeinsamen Spaziergang in den nahegelegenen Wald an.

Während sie so nebeneinander hergingen, erzählte Monika einiges aus ihrem Leben, dass sie z. B. gerne Sport treibe, die Natur liebe, sehr auf ihre Ernährung sowie – allein schon berufsbedingt – Gesundheit achte und sich folgerichtig auch für alle diesbezüglichen Themen interessiere. Sie wirkte wach, aufgeweckt und selbstbewusst. K. lauschte aufmerksam ihren Ausführungen, wie es sich nach seinem Empfinden gehörte, wobei er sich auch immer wieder von neuem ihrer ‚Engelsstimme' erfreute, welche er jetzt szs. ganzheitlich, d. h. auch im Rahmen ihrer physischen Präsenz genießen durfte. Der offensichtliche Drang seiner Begleiterin zum Narrativen kam seinem Naturell, welches ihn eher zum Zuhören und Schweigen tendieren ließ, zu großen Teilen entgegen. Aber auch er wurde gefragt, ja aufgefordert, von sich zu erzählen, welch allem Franz K. auch bereitwillig Folge leistete.

Nach einem Fußweg von etwa anderthalb Stunden erreichten sie die Ruine der Burg Montclair, was eine willkommene Gelegenheit darbot, ihr – einer markanten touristischen Attraktion im nordwestlichen Saarland – einen Besuch abzustatten.

Bei ihrem Rundgang gelangten sie auch an eine Mauer, jenseits derer der Blick hinunter auf eine nicht unerhebliche Tiefe hindeutete. Als sich beide in Tuchfühlung mit der schützenden Abgrenzung befanden, glaubte er bei Monika ein momentanes ängstliches Zucken zu bemerken, welches ein unmittelbares reflexhaftes Zurückweichen von ihr um zwei große Schritte nach sich zog und sie – als müsse sie sich für ihr Verhalten rechtfertigen – danach erklären ließ, dass ihr diese Tiefe ein Gefühl großer Angst bereite, indem jene eine fast unkontrollierbare Sogwirkung auf sie ausübe. K., welchem sowohl Monikas ängstliches Gebaren ob des Blickes in den Abgrund als auch ihre daraufhin gegebene Erklärung – ja allein schon die Tatsache, dass sie diese als nötig anzusehen schien –, in besonderem Maße auffiel, fühlte sich aufgrund all dessen angenehm berührt, zeigte es doch, dass das durch seine ursprüngliche Wahrnehmung entstandene Bild einer ‚Superfrau' dahingehend korrigiert werden musste, dass auch sie Schwächen hatte, sich derer zudem bewusst war und sie für ihn durch all dies letztlich menschlicher und dadurch auch erreichbarer erscheinen ließ. Es war eine Beobachtung am Rande, welche er in diskreter Manier für sich behielt, jedoch in ihrer nicht geringfügigen Gewichtigkeit durchaus beachtet werden wollte. Weiterhin plaudernd traten sie nach der Besichtigung der Burg den Rückweg an.

Am Ausgangspunkt angekommen, färbte sich der Horizont bereits in ein leichtes Rosa und kündigte die baldige Dämmerung an. Nahe ihrer Wagen entschieden sie sich in beidseitiger Übereinstimmung, eine kleine Extra-Runde zu machen, um den Reiz dieses sich langsam dem Ende zuneigenden Maitags noch einmal zu genießen und ihm somit die gebührende Würdigung zu gewähren. Nach einer Weile hielt Monika plötzlich inne und deutete an, dass sie ihm etwas sagen müsse: Sie habe in sich hinneingehört und ihre innere Stimme hätte ihr mitgeteilt, er habe ‚alles richtig gemacht'. Sie drehte sich zu ihm hin, nahm ihn in ihre Arme und liebkoste ihn, indem sie zärtlich ihre Wangen an den seinen zu reiben begann. Franz K. ließ es zu, fühlte augenblicklich seine Bereitschaft und Fähigkeit sowie eine ihm durch ihn selbst zugestandene Legitimation zum Glück. Es kam einer wohltuenden Meditation gleich, fernab aller sonstigen Zwänge, Wirrungen und nagenden Zweifel der Ratio – die sprichwörtliche Verschmelzung und Vereinigung von Traum und Wirklichkeit.

So standen sie da, an diesem frühen Abend im Mai, sich sanft und zärtlich berührend – Raum und Zeit enthoben. Es war sie, die sich nach einer Weile löste, ihn gleichsam um Verständnis bittend anlächelte und sagte, sie müsse so langsam nach Hause, dort warte ihre Tochter mit dem Abendbrot – er solle sie bitte anrufen. Beide umarmten sich ein letztes Mal. Monika stieg wieder in ihre nobel aussehende dunkelblaue – einen gelungenen Kontrast zu ihrer blonden Mähne bildende – Limousine, lächelte ihn noch einmal an und fuhr davon.

Franz K. blieb allein zurück, musste das eben Geschehene erst einmal zulassen, bei ihm ankommen und es auf seine Weise verarbeiten. Noch taumelte er zwischen Traum und Wirklichkeit, wobei er spürte, dass es ihm Freude und Lust bereitete, die Frage nach einer endgültigen, verbindlichen ‚Standortbestimmung' seines psychischen Status noch für unbestimmte Zeit unbeantwortet zu lassen. Zwar wusste er im- sowie auch explizit, dass das sich soeben Zugetragene zweifelsfrei dem Bereich des Realen zuzuordnen war, beließ es jedoch noch bewusst in der Sphäre des Geträumten, der Illusion. Er, der gerne allein war und durch seine ihm eigenen, auf seine Bedürfnisse maßgeschneidert konstruierten Gedanken- und Gefühlswelten die ihm in ihrer scheinbaren oder auch tatsächlichen Unsensibilität und Kälte feindlich und bedrohlich erscheinende Wirklichkeit in der Funktion des Selbstschutzes gerne bagatellisierte und trivialisierte, genoss nun das Gefühl des triumphalen Erfolges. Es hatte den Stellenwert eines gemeinhin nicht ursprünglich beabsichtigten, doch auch letztlich nicht unbedeutenden – sowie mit einem Gefühl der Genugtuung einhergehenden – Sieges in der Welt des Mondänen und dadurch eine weitere gefühlte Legitimation seiner selbst, wie er sich sah und er nun einmal war.

Trotz – oder auch gerade wegen – der Dunkelheit, die unterdessen hereingebrochen war, entschied er sich, noch eine Weile an diesem für ihn so bedeutsam gewordenen Ort zu verweilen. Er entfernte sich mehr und mehr von seinem Wagen, wo noch der Lärm der nahen Hauptstraße zu hören war, um als willkommene Beigabe zur Finsternis die nun nach und nach eintretende Stille und damit das Empfinden des totalen ganzheitlichen Alleinseins in der abendlichen Abgeschiedenheit auf sich wirken zu lassen. Noch einmal genoss er es, die Bilder des nur schwer Glaubhaften, doch mehr und mehr vor der Wirklichkeit Bestand gewinnenden Geschehens – gleich der Erinnerung an Szenen eines schönen Liebesfilms – an seinem inneren Auge passieren zu lassen.

Nach diesem ihm so wichtigen, ja unverzichtbaren Wandeln in der selbst gewählten Einsamkeit an seinen Wagen zurückgekehrt, trat er gemächlich den Rückweg an – berauscht von dem Nachklang ihrer Stimme und dem zuletzt gebliebenen Bild, als sie davonfahrend ihn noch einmal angelächelt und ihm zugewinkt hatte. Er glaubte, ja war sich sicher, Glück zu spüren.

Doch auch für ihn kam der berühmt-berüchtigte ‚day after‘, der ‚Tag danach‘, welcher ihn – zumindest Schritt für Schritt – wieder in die Wirklichkeit zurückholte. Seinem vertrauten Muster der gefühlten Ambivalenz von Nähe und Distanz unterliegend, verbrachte er einen Gutteil des Tages damit, zu überlegen, ob er Monika anrufen oder abwarten solle, bis sie sich melden würde. Er traute der Sache noch nicht ganz – an diesem hellen, betriebsamen, zu

82

überwiegenden Teilen mit der gewöhnlichen Nüchternheit ausgestatteten ‚Tag danach'.

Wieder den Fokus seiner Erinnerung an die gestrige Begegnung auf die Wahrnehmung von ihr als attraktive ‚Superfrau' legend, welche zudem erzählt hatte, in welch zeitintensiven beruflichen Kontext sie eingebunden war, wollte er in seiner eher gegenteiligen Attitude des sich klein Machens, sich unbedeutend Fühlens, sich Zurückziehens auch nicht stören oder gar lästig erscheinen und sich schon gar nicht eine endgültige Abfuhr einhandeln, welche nach dem möglicherweise von ihr so erlebten ‚schwachen Moment' am gestrigen Abend – für das Heute jedoch nur noch wertlose Makulatur bedeutend – nicht auszuschließen war. Zudem kamen ihm für einen Moment Bilder von früher durchlittenen Qualen bzgl. Liebeskummer, unfreiwilligen Trennungen und Verlusten mit all ihrer Tragik und all ihrem Schmerz. Wollte er sich wirklich wieder auf dieses glatte Parkett mit der nicht auszuschließenden Gefahr emotionaler Verletzbarkeit einlassen oder war es retrospektiv des Selbstschutzes nicht ratsamer, allein zu bleiben und dadurch unberührt von all diesen Unwägbarkeiten zu sein? Konnte er erwarten, dass sie ihn anrufen müsse, um sich ihres am vorigen Tag bzw. Abend versicherten zugewandt Seins sicher sein zu können oder lag es aus ihrer Sicht berechtigterweise an ihm, sich zuerst melden zu müssen?

Nach dem quälenden Hin und Her dieser endlos scheinenden zirkelhaften, ergebnislosen Dauerreflexion sah er sich gezwungen, sein Gedankenkarussell zu unterbrechen – so kam er nicht weiter. Franz K. musste eine Entscheidung treffen und sie anschließend auch in die Tat umsetzen. Er kannte solche Zustände des dazwischen Seins, welche ihn je nach gerade vorherrschender psychischer Befindlichkeit oder auch abhängig von dem aktuell zu behandelnden Gegenstand in seinen theoretischen Grübeleien gefangen hielten und nur durchbrochen werden konnten, indem er zur Tat schritt – wobei die Entscheidung zu jener weniger das Ergebnis ausgereifter Überlegungen sein konnte, sondern vielmehr willkürlich getroffen werden musste – vergleichbar etwa einem Würfelspieler, welchem ohne die Möglichkeit der eigenen Einflussnahme (davor sowie danach) das Ergebnis seiner Bemühungen erst am Ende offenbart wird. Was noch einen eher bewussten Einfluss auf seine nun eingetretene Handlungsbereitschaft und -fähigkeit ausübte, war die plötzlich auftretende Erinnerung an seine Ursprungsabsicht ganz am Anfang, als er zweifelsfrei gespürt hatte, eine Veränderung anstreben zu müssen und in dessen Folge eine Kontaktanzeige in der örtlichen Tageszeitung installiert hatte.

Franz. K. verkörperte den Typus, der nach dem ‚a‘ auch gern das ‚b‘ folgen ließ – auch wenn es manchmal (wie bei ihm) etwas mehr an Zeit in Anspruch nahm oder etwa erst über Umwege ankam. Zudem spürte er in diesem Fall auch wieder die drängende Notwendigkeit zum Handeln, bedingt durch die – allen theoretischen Gegenüberlegungen und Zweifeln zuwiderlaufende – Sehnsucht nach ganzheitlicher Erfüllung.

Es war am frühen Abend, als er sich bereit fühlte und dachte, jetzt könnte der Zeitpunkt günstig sein. Kurzerhand griff er zum Telefon und wählte ihre Nummer. Er hatte Glück, sie meldete sich nach mehrmaligem Läuten mit ihrer ihm so lieb gewordenen engelhaften Stimme und drückte ihre glaubhaft klingende Freude über seinen Anruf aus. Nachdem sie kurz von ihrem gerade zu Ende gegangenen Arbeitstag erzählt hatte, ließen beide das gestrige Treffen mit all seinem Reiz und den schönen Bildern noch einmal Revue passieren, wobei Monika den Fokus auf den letzten Teil ihrer Zusammenkunft legte, nämlich jenen, als sie sich auch körperlich nähergekommen waren und dies durch ein nicht enden wollendes leidenschaftliches sowie unüberhörbares ‚Schmusen‘ (wie sie es nannte) in Erinnerung brachte. Franz K. fiel es wahrlich nicht leicht, während des nahezu zweistündigen Telefonats trotz all der Freude, die ihm Monikas wohltuende Botschaften bereiteten, seine Fassung und Selbstkontrolle zu wahren – so überwältigend und heftig war dieser unerwartete emotionale Überguss. Zum Abschluss verabredeten sie sich zu einer gemeinsamen Fahrradtour für den in der Folgewoche anstehenden Feiertag.

K. musste sich nach dem von ihm sowohl in quantitativer wie qualitativer Hinsicht erlebten Ausnahmetelefonat erst einmal entspannen und zur Ruhe kommen. Noch nicht lange war es her, nämlich genau am gestrigen Abend, als er sich in dem gleichen psychischen Ausnahmezustand befand. Es fiel ihm für den Augenblick sowie auch im Folgenden nicht leicht, das an ihn in dieser reinen vollendeten Form herangetragene Glück, welches offensichtlich kein Zweifel mehr eintrüben konnte, zuzulassen. Es war eine jener Ausnahmesituationen, welche in einer durchschnittlichen menschlichen Biographie zu Recht den Status des Exklusiven, Außerordentlichen inne haben und als solches gewichtet und gewertet werden wollen, was in diesem Fall auch nach und nach ihn erreichte. Franz K. fand sich im Hier und Jetzt und es war gut so. Er legte sich eine seiner Lieblings-CDS auf, taumelte in die kleine Singleküche und begann mit den Vorbereitungen seines Abendessens.

Wie telefonisch verabredet, trafen sie sich am nachfolgenden Feiertag – Christi Himmelfahrt – zu ihrer gemeinsam geplanten Fahrradtour. Treffpunkt war die gleiche Stelle wie bei der ersten Zusammenkunft. Der Wettergott meinte es auch dieses Mal gut mit ihnen: ein klassischer Frühlingstag im Mai mit Bilderbuchqualität. Ihre Route führte sie entlang der Saar-

86

schleife bis in den Ortskern von Mettlach, wo sie sich vor einer Eisdiele niederließen, um auch in dieser Form ihren Ausflug gebührend zu genießen. Als sie ihre Tour fortsetzten und an einer Wiese vorbeikamen, hielt Monika plötzlich an und fragte ihn, ob sie dort im verlockenden Gras eine Pause einlegen könnten. K. folgte dieser Einladung bereitwillig und wurde in der Folge mit den ihm durchaus willkommenen Schmuseeinheiten von ihr belohnt. Diese Art der körperlichen Annäherung durch Monika wurde zu ihrem Markenzeichen und Ritual – dies sowohl ‚nur' akustisch wahrnehmbar bei ihren Telefonaten als auch in unmittelbarer Form im Rahmen ihrer Präsenztreffen. So war es auch dieses Mal. Als der Abend hereinbrach und die baldige Trennung anstand, drückte sie ihn wieder zärtlich an sich und verharrte für lange Zeit darin, ihre Wangen sanft an den seinen zu reiben. Franz K. ließ es in seiner gewohnten Attitude des ‚stillen Genießers' zu und begnügte sich fürs Erste mit dem eher passiveren Part.

Diese von ihm tendenziell zurückhaltende Haltung fand ihren originären Grund auch in seiner bzgl. sonstiger Kontexte eher abwartenden Art und war somit als eine von K.'s Grunddispositionen anzusehen. In diesem Fall kam hinzu, dass er – der hartnäckige und nur schwer zu überzeugende Zweifler – sich seiner Sache immer noch nicht sicher zu sein glaubte. Zudem überwog auch in dem hier bereits fortgeschrittenen Kontaktstadium immer noch der Respekt vor dieser ‚Superfrau' sowie die Befürchtung, mit einem allzu forschen Vorgehen möglicherweise wertvolles, empfindliches Porzellan zu zertrümmern und sich am Ende bestürzt vor einem irreversiblen Scherbenhaufen stehen zu sehen. Ebenso genoss er es aber auch, dem Gegenüber den aktiven Part zu überlassen und dadurch selbst ‚erobert' zu werden, was ihm als Folge hieraus das sichere Wissen gab, zweifelsfrei angenommen zu sein.

Der Frühling wechselte in diesem Jahr ungewöhnlich schnell in den Sommer, welcher aufgrund seiner zunehmenden Hitze Lust auf Erfrischung in kühlendem Nass machte. Sie trafen sich am Bostalsee im Nordosten des Saarlandes. Es war an einem Sonntag, so dass sich außer ihnen auch unzählige andere Badewillige einfanden, um dort ihren Nachmittag zu verbringen. Da sie ihre Räder mitgenommen hatten, gelang es ihnen relativ leicht, ein abgelegenes Plätzchen zu finden, wo sie sich ungestört und ohne von fremden Augen beobachtet niederlassen und verweilen konnten. Neben diesem gewichtigen Vorteil hatte die Stelle auch einen Hauch von abenteuerlich - Verwunschenem, was in etwa der Art ihrer bisherigen Treffen entsprach und somit eine günstige Voraussetzung für den weiteren Verlauf des Tages schuf. Sie entkleideten sich rasch und sprangen in das verlockend erfrischende Wasser des Badesees. Monika schwamm nach seinem Empfinden weit hinaus, was ihn aufgrund seiner bisherigen Einschätzung von ihr etwas befremdete – kannte er sie doch als die sonst eher etwas Ängstliche, auf Vorsicht und Sicherheit Bedachte. Franz K. folgte ihr nicht, zog es stattdessen vor, in Ufernähe zu bleiben – was Monika nicht verborgen blieb, sie zu seiner Erleichterung aber nicht kommentierte und auch glücklicherweise keinen sonstigen Nachteil für ihn zur Folge hatte. Nach dem Baden sonnten sie sich und genossen die wohltuende Wärme des noch jungen Sommers. Monika kuschelte sich an ihn und begann in der ihm vertrauten Form mit dem für sie so typischen Schmusen. Er spürte ihren warmen weichen Körper, vergaß seine bis dahin aufrechterhaltene Zurückhaltung, küsste sie leidenschaftlich und tat, was getan werden musste. Sie ließ es geschehen, ja beantwortete es bereitwillig.

Franz K. hielt zwischen den Treffen mit Monika die Beziehung zu Elke weiterhin in der bis dahin praktizierten Form aufrecht. Sie war ahnungslos und bemerkte keine Veränderung, doch nun lag es an ihm, ihr von Monika zu erzählen. Er sah es als seine moralische Pflicht an, außerdem spürte er, dass er nach diesem jüngsten Ereignis Elke nicht mehr so begegnen konnte, wie er es bisher vermochte. Er wollte, ja konnte nicht mehr lange warten. Es war an einem Abend, sie saßen wie schon so oft in ihrer Wohnung zusammen, als K. ihr eröffnete, dass er eine andere Frau kennengelernt habe und sich Elke – zumindest in der ganzheitlichen Form wie bisher – nicht mehr zuwenden könne. Er dankte ihr für ihre Hilfe, Wärme und Zuwendung in schwieriger Zeit, betonte noch einmal seine Hochachtung vor ihrer Intelligenz, Lebenserfahrung sowie Bildung und den ausdrücklichen Wunsch, sie als guten wertvollen Freund einstweilen behalten zu wollen.

Elke zeichnete sich dadurch aus, was man im modernen Sprachgebrauch eine ,starke Frau' nennen würde. In den unzähligen langen, tiefgehenden Gesprächen hatte sie Franz K. auch von früheren Niederlagen und Lebenskrisen sowie deren jeweiliger Bewältigung erzählt, woraus sich einerseits ihr unverblümt rationaler, jedweder naiver Illusion beraubter Blick auf die Geschehnisse dieses Lebens mit der Konsequenz eines nüchternen Pragmatismus herausgebildet hatte, andererseits aber auch ihre stete im- wie explizite Bereitschaft und Fähigkeit zum hoffnungsgeleiteten Glauben an das Gute beinhaltete. Letzteres war sowohl Ursache als auch Ergebnis ihrer ausgeprägten Emotionalität und Neugierde auf sowie Leidenschaft für das Leben, wie sie es als anstrebenswert ansah. Ein Indikator dafür war allein die Tatsache, dass sie sich das halbe Jahr über in Italien aufhielt und sich einmal – auf ihr Lebensgefühl angesprochen – als ,halbe Italienerin' bezeichnete.

Ohne ein für ihn erkennbares äußeres Anzeichen ihrer tiefen Betroffenheit hörte sie zu, was

K. ihr mitteilen wollte. Als er seine Ausführungen abgeschlossen hatte, kam von ihr nicht etwa die erwartete Reaktion in Form eines verbalen Aufschreis, sondern lediglich ein – von ihm so erlebtes – quälend-langes endloses Schweigen, welches schließlich durch ein nüchternes, mit Bestimmtheit gefordertes ‚Geh, bitte geh!' unterbrochen wurde. Franz K. hob noch an, etwas zu seiner Erklärung und nach Möglichkeit Tröstliches zu sagen, was den seiner sicher geglaubten Vermutung nach abgrundtiefen Schmerz, den er ihr zugefügt hatte, mildern sollte. Elke jedoch wiederholte nur noch einmal – dieses Mal mit lauter, entschiedener Stimme und ihm tief in die Augen blickend – ihre Aufforderung, dass er gehen solle. Es klang wie eine Drohung, welche ihren alleinigen Ursprung in maßloser Enttäuschung und Verzweiflung sowie vernichtender persönlicher Entwertung hatte und für K. nur die einzig denkbare Möglichkeit zuließ, ihrer Aufforderung ohne ‚wenn und aber' Folge zu leisten. Er zögerte – wie es seiner Art entsprach – einen Moment, spürte jedoch gleichzeitig die Unmöglichkeit der von ihm ursprünglich beabsichtigten – durch weitere Überlegungen und Interventionen noch zu bewerkstelligende – Relativierung der Dringlichkeit, erhob sich und verließ ohne weiteren Kommentar ihre Wohnung. Es war mitten in der Nacht. Er setzte sich in seinen Wagen und fuhr wie von fremder Hand geleitet, Chaos im Kopf, nach Hause und legte sich nach alledem – nur noch Ruhe und Loslassen suchend – erschöpft und erschlagen zu Bett.

Am darauffolgenden Vormittag, einem Sonntag, wurde er durch das penetrante und nicht enden wollende Läuten seines Telefons unsanft geweckt. Noch müde und schlaftrunken überlegte Franz K, ob er den Anruf überhaupt annehmen solle, was er nach kurzem Zögern schließlich doch tat. Als hätte er es geahnt, es war Elke, welche ihm mit tränenerstickter Stimme mitteilte, wie sehr er sie enttäuscht und verletzt habe, sie Abstand brauche und sich zu diesem Zweck am Bahnhof befinde, um ihre außerhalb der Stadt lebende Schwester zu besuchen. Sie wolle sich dort erholen und hoffe, Trost in ihrem abgrundtiefen Schmerz zu finden. K. versuchte sie noch zu trösten und machte ihr den – auch zu gehörigen Teilen nicht uneigennützigen – Vorschlag, dass sie doch in freundschaftlicher Verbindung bleiben könnten – was Elke jedoch strikt verneinte, bevor sie schließlich auflegte und ihn in seiner morgendlichen Betroffenheit allein zurück ließ.

Franz K. befand sich in einem fatalen Dilemma: neben der Tatsache, dass er Elke grenzenlos enttäuscht und verletzt hatte, was er sich im Rahmen einer schmerzlichen moralischen Anwandlung zum Vorwurf machte, ereilte ihn mit Schrecken die Gewissheit, dass er etwas sehr Wertvolles und – was fast noch stärker wog – einstweilen möglicherweise Überlebensnotwendiges wie eine unbrauchbar und dadurch lästig gewordene Ware unwiederbringlich wegwarf. Sie war die Frau, ja der Mensch, welche(r) ihn in akuter Not aufnahm, ihm Wärme, Verstehen, Geborgenheit, Liebe und dadurch eine Art von Urvertrauen durch den Glauben an sich selbst wieder ermöglicht hatte. War er hier etwa zu mutig und unvorsichtig gegenüber sich selbst gewesen bezüglich der in ihm immer noch latent schlummernden und nicht auszuschließenden Gefahr von jederzeit wieder manifest werdenden Angst- und Panikanwandlungen, welcher er sich genau während dieser Überlegungen in nahezu physischer Deutlichkeit erinnerte?

Er stand auf und begann seinen Tag mit der Gewissheit, dass dieser Verlust den Charakter des Endgültigen hatte und er von nun an besonders achtsam mit sich umgehen musste. Doch trotz – oder gerade wegen – dieses Wissens spürte er genau in diesem Moment eine ihm nicht erklärbare Art von Sicherheit und Stabilität.

Elke schien für immer verloren. Erst lange Zeit später sollte er ihr wieder begegnen. –

Die Beziehung zu Monika unterlag schwerpunktmäßig einer anderen Prägung als diejenige zu Elke, allein schon durch das unterschiedliche Alter von beiden. Elke war um einiges älter, Monika dagegen fünf Jahre jünger als Franz K., was neben weiteren Merkmalen wie etwa Charakter, Temperament, Interessen schon eine eigene nicht unbedeutende Größe darstellte. Während er bei Elke zu großen Teilen das mütterlich-verstehend-Beschützende suchte und auch fand, definierte sich die Beziehung zu Monika fast ausschließlich über den Impuls der Leidenschaft: er war verrückt nach ihrer Stimme, ihren blonden Haaren, ihrem Lachen, ja ihrer Gesamtdarstellung, wozu natürlich auch die femininen Reize ihres Körpers gehörten. Hier war er eindeutig in der Rolle als ‚Mann' gefragt, was ihm als Tribut seiner Faszination an Monika keine andere Wahl ließ und ihm als neue Herausforderung begegnete, welche sich von der noch gewohnten Solidität und zweifelsfreien Verlässlichkeit der Beziehung zu Elke in aller Deutlichkeit unterschied – er jedoch in all ihren Erscheinungsformen anzunehmen bereit war.

Unterdessen verfestigte sich die Beziehung zu Monika dahingehend, dass sie in nahezu regelmäßigen Abständen kommunizierten. Die Woche über telefonierten sie fast täglich, sonntags fanden sie zueinander und unternahmen etwas zusammen. Wie schon von Beginn an bevorzugten sie vor allem natur- und sportgeneigte Aktivitäten wie Wandern, Fahrradtouren entlang der Mosel oder durch die nahegelegenen romantischen Weindörfer, aber auch Besichtigungen historischer Burgen und nicht zuletzt entdeckten sie ihre Vorliebe für urwüchsige Landgasthäuser, um sich am Ende eines ereignisreichen Tages auch kulinarisch zu verwöhnen. Als jeweiliger Höhepunkt und krönender Abschluss ihres Zusammenseins liebten sie sich ausgiebig und leidenschaftlich in Monikas großem geräumigen Wagen an einer abgelegenen Stelle am oder im Wald – zur Not musste auch mal ein Parkplatz genügen.

Franz K. verfiel zunehmend einer Abhängigkeit und Sucht von und nach diesen Treffen sowie vor allem deren Protagonistin als solcher. Er lebte die Woche über quasi nur noch auf ihre Telefonate am Abend sowie ihre sonntäglichen Treffen hin. Egal wo er sich befand oder was er tat, sah er ihr Bild vor sich und spürte eine tiefe, kaum zu stillende Sehnsucht. Auch auf seiner Arbeitsstelle bemerkte man es einmal an seinem – durch ein Übermaß an Glück verklärten – Gesichtsausdruck, als sie ihn anrief. Eine Erscheinungsform dieses extremen eingenommen Seins war sein schon zwanghaft zu nennender Drang, sie ständig anrufen zu müssen – wobei er auch hier, wie bei so vielem, wieder mit seiner inneren Zerrissenheit und Neigung zum ‚dazwischen Sein‘ konfrontiert wurde. Es war die Zeit, als es noch keine Mobiltelefone, dafür aber öffentliche Telefonzellen gab. Da er beruflich auch viel im Außendienst unterwegs war, stellte ihn jede dieser ihm begegnenden Zellen vor die erneute Herausforderung bezüglich der Frage, ob er anhalten und sie anrufen solle oder nicht. Diese Zwiespältigkeit verstand sich als Ausfluss seiner Überlegungen, dass er sie einerseits bei ihrer Arbeit als selbstständige Physiotherapeutin – wo jede Minute zählt – nicht stören wollte, er andererseits aber der Befürchtung unterlag, ihr das Gefühl zu geben, sie nur ungenügend zu lieben, indem er sie nicht in den von ihr (vermeintlich) erwarteten Abständen anrief – was er natürlich auf jeden Fall vermeiden wollte.

Es kam der Tag, als sie ihm in Aussicht stellte, ja ihn fragte, ob er sie zu Hause besuchen wolle. Sie hatte ihm bereits vor einiger Zeit erzählt, dass sie Eigentümerin eines Reihenhauses in einer Neubausiedlung am Rande der Stadt wäre. Für Franz K. eröffnete sich dadurch eine völlig neue Dimension, welche ihm eine Anwandlung großer Freude wie aber auch zur Vorsicht und Achtsamkeit mahnende Ehrfurcht verursachte. Es wurde ihm ab jetzt szs. Zugang zum ‚Allerheiligsten' gewährt, was ihn sofort wieder mit der ihm bekannten Frage konfrontierte, ob er dies verdient hätte und ob ihm diese ‚Nummer' nicht etwa zu groß wäre. Aber auch hier nahm er in seiner (nicht immer auszuschließenden) Fähigkeit zum spontanen Pragmatismus das ihm anfangs zu groß Erscheinende in all seinen sich daraus ableitenden möglichen Antizipationen dankbar an und sagte zu.

Die Dunkelheit war bereits hereingebrochen, als er sich an einem frühen Samstagabend auf den Weg machte. Er wählte die Route über Mettlach und passierte dabei auch die Stelle, wo sie sich das erste Mal getroffen hatten. Die Fahrtstrecke betrug etwa achtzig Kilometer. Da er langsam und ausschließlich über Land fuhr, benötigte er etwa anderthalb Stunden. Obwohl Monika ihm im Vorfeld beschrieben hatte, worauf er achten müsse, um die Straße, in der sie wohnte und letztlich ihr Haus zu finden, verfuhr er sich gegen Ende noch einige Male, denn es befand sich in einem Neubauviertel, wo sich sowohl die Straßen als auch die Häuser ziemlich ähnelten. Zudem war er etwas aufgeregt angesichts des von ihm als Ehre empfundenen Tatbestandes, an einem Samstagabend in ihr Zuhause eingeladen zu sein. Während er durch die gleich scheinenden Gassen mit den ebenso stereotypen Häuserfassaden fuhr, sah er in einer Einfahrt plötzlich ihren großen dunkelblauen Wagen stehen, welcher für ihn zum Sinnbild ihrer Treffen und allem, was sich daraus ableitete – nämlich sowohl Heimat, Wärme und Geborgenheit wie auch ‚offener Raum‘, Abenteuer und Leidenschaft – geworden war.

Es war ein ruhiges, nobel wirkendes Gebiet mit nur wenigen Wagen, welche die Straße säumten, so dass er gleich in der Nähe parken konnte. Vor dem Aussteigen hielt er für einen Moment inne, um sich noch einmal der Gewichtigkeit des Moments zu vergegenwärtigen und die tiefe Freude, welche dieser ihm bereitete, in all ihrer Intensität auf sich wirken zu lassen. Ihr Haus lag etwas nach hinten versetzt und war durch einen etwa zehn Meter langen Pfad zu erreichen. An der Tür angekommen bemerkte er auf der linken Seite der Hauswand die Skulptur einer putzig aussehenden Katze. Noch einmal hielt er für einen Moment inne, Es dauerte nicht lange, bis ihm Monika öffnete. Da stand sie in ihrer üppigen reizenden Weiblichkeit – welche durch ihre Aufmachung, nämlich der ihm schon vertrauten und so lieb gewordenen eng anliegenden schwarzen Jeans sowie dem ebenso seinen Blick fesselnden, in dunkel gehaltenen Shirt als Oberbekleidung noch einmal im Besonderen gewichtet wurde und als Gesamtkomposition einen gelungenen Kontrast zu ihren blonden Haaren bildete – vor Franz K., begrüßte ihn mit einem freundlich schallenden ‚Hallo‘, begleitet von einer überaus herzlichen, innigen und langanhaltenden Umarmung.

Nachdem sie ihn kurz nach seiner Fahrt gefragt und sich schließlich von ihm gelöst hatte, führte sie ihn ins Wohnzimmer, welches durch mehrere kleine Lampen in ein diskretes Licht gehüllt war. Ihm fiel auf, dass das Mobiliar fast ausschließlich in Blautönen gehalten war. Er sprach Monika darauf an und sie bestätigte seine Wahrnehmung dahingehend, dass Blau ihre Lieblingsfarbe sei – was nicht nur für ihr Wohnzimmer zutraf, sondern sich fast über alle restlichen Räume einschließlich des Treppenhauses fortsetzte.

Monika fragte ihn, ob er hungrig sei, was

98

Franz K. dankbar bejahte. Sie nahm ihn bei der Hand und führte ihn in die Küche, in der noch der Duft des wohl nicht allzu lange vor seiner Ankunft zubereiteten Abendessens lag und ihm in verlockender Manier in die Nase stieg. Auch hier betrat er Boden, der ihn ‚heilig' dünkte und ihm in der Folge eine Art von Ehrfurcht und Ergebenheit abverlangte. Allein die Tatsache, dass sie, die viel beschäftigte und erfolgreiche ‚Superfrau' sich die Mühe machte, für ihn etwas zu kochen, hatte einen Stellenwert, den er erst einmal ankommen und zulassen musste – dies auch vor dem Hintergrund, dass beide bislang bei ihren gemeinsamen Unternehmungen ausschließlich in Restaurants eingekehrt waren und sich dort haben bewirten lassen. Da Monika – wie K. bereits wusste – großen Wert auf eine gesunde Lebensführung in all ihren Erscheinungsformen legte, gestaltete sich auch das Essen schwerpunktmäßig unter diesem Aspekt, was den Genuss an selbigem jedoch in keiner Weise schmälerte. Er nahm ihr Angebot an und aß mit großem Appetit – nicht zuletzt dank seiner Fähigkeit zum Pragmatismus, welcher ihm immer wieder half, mit hoher Brisanz und Emotionalität besetzte Situationen zu entzaubern, zu ‚säkularisieren' und diesen dadurch letztlich mit gelassener Selbstverständlichkeit zu begegnen.

Nach dem Essen wechselten sie wieder ins Wohnzimmer, wo K. sich auf einem hellen, puscheligen Canapé niederließ. Monika wartete nicht lange, kam zu ihm und begann in gewohnter Manier mit ihm zu schmusen. Er ließ es bereitwillig zu und beide versanken in ihrer Lust.

Als Franz K. am folgenden Morgen in ihrem Schlafzimmer erwachte, wurde er sich augenblicklich gewahr: angekommen im ‚Allerheiligsten' – einem großzügigen Doppelbett, ausgestattet mit bauschigen und ihn aufs Angenehmste berührenden flauschigen Decken. Er schaute sich in dem eher klein gehaltenen, lediglich aufs Notwendigste eingerichteten Raum um. Unmittelbar vor ihm prangte ein mächtiger, nicht zu übersehender Kleiderschrank, welcher – wie auch das restliche Mobiliar – den Charakter des Rustikalen hatte.

Er war allein, was ihn aber nicht befremdete und schon gar nicht beunruhigte. Nach einer Weile öffnete sich die Tür. Monika kam mit ihrem schon vertrauten erfrischenden Lachen voll morgendlichem Elan an sein Bett, drückte ihn fest und fragte, ob er nicht aufstehen wolle, das Frühstück sowie weitere verlockende Optionen dieses Tages warteten schon auf sie. Neben der wohltuenden Wärme ihres Körpers und der Geschmeidigkeit ihrer blonden Haare, die sein Gesicht gänzlich bedeckten, zog ihn auch der dezente Duft ihres Parfums in ihren Bann und ließ ihn ganzheitlich an diesem Sonntagmorgen ankommen.

Wie Franz K. bereits durch die zahlreichen Gespräche mit Monika wusste, achtete sie schon von Berufs wegen auf eine gesunde und bewusste Lebensführung. Dies zeigte sich auch bei bzw. vor dem Frühstück. So erzählte sie ihm, bereits früh am Morgen eine Entspannungs- oder Konzentrationsübung, welche sie die ‚Fünf Tibeter' nannte, gemacht zu haben. Nach dem Aufstehen reichte sie ihm ein Getränk, welches den Säure-Basen-Haushalt regulieren sollte und nicht zuletzt rührte sie – wie ihn dünkte – eine Art von flüssigem Lehm an, welcher angeblich ebenfalls der Erhaltung von Gesundheit und Fitness diene und bereits vor dem Essen eingenommen werden musste. K. begegnete alledem mit einer Mischung aus Befremden, stoischer Gelassenheit sowie gar einem deutlichen Anflug von Anerkennung, ja Bewunderung – zeigte dies doch, dass er es hier mit einem echten ‚Typ' zu tun hatte, welcher einerseits ein Konzept, von dem er überzeugt war, hatte und jenen somit in seiner Gesamtdarstellung schlüssig und echt erscheinen ließ sowie es sich andererseits wert war, in akribischer Form auf sein Wohlergehen zu achten. Bei all diesen Prozeduren erinnerte er sich auch an frühere Bemerkungen von ihr, welche ihre Nähe zur Esoterik andeuteten, was er in diesem Zusammenhang auch zweifelsfrei assoziierte. Dieser Hang sowie ihr ausgeprägtes Bemühen um Selbstachtsamkeit sowie -wirksamkeit sollte ein beständiger Begleiter auf ihrem weiteren gemeinsamen Weg werden.

Monika kannte und liebte aber auch die hedonistische, dem Genuss zugeneigte Seite des Lebens. In diesem Fall äußerte sich dies an dem reichlich und üppig gedeckten Frühstückstisch, an dem beide schließlich Platz nahmen und bereitwillig partizipierten. Eine der weniger unter gesundheitlichem Aspekt vertretbaren Beschaulichkeiten war die Kalbsleberwurst, welche Monika in großzügigen Mengen auf ihr Frühstücksbrot auftrug und – bewusst an K.'s Adresse gerichtet – demonstrativ und begleitet von ihrem ihm bereits vertrauten schallenden Lachen verzehrte. Auch dies gefiel ihm. Es machte sie in seinen Augen wieder greifbarer, erreichbarer, ja szs. menschlicher.

Nach dem Frühstück entschlossen sie sich zu einem Ausflug in die nahe gelegene Stadt Trier. Hier hatte Monika auch ihre Praxis. Da sich diese an einer der Hauptstraßen mit viel Lärm und Verkehr befand, fuhren sie nur daran vorbei, so dass Franz lediglich eine Momentaufnahme des Gebäudes mitnehmen konnte, was ihm auch genügte. Natürlich besuchten sie die zum UNESCO-Welterbe gehörenden Römischen Baudenkmäler wie Amphitheater, Barbarathermen, Konstantinbasilika, Kaiserthermen, Porta Nigra, Römerbrücke und – als eine der Hauptattraktionen – den Trierer Dom. Beim Schlendern durch die Fußgängerzone legten sie schließlich eine Pause in einer Lokalität ein, welche Monika als ihr Lieblingsbistro bezeichnete. Dieses machte auf K. einen gleichzeitig lockeren wie auch distinguierten Eindruck dergestalt, dass sich hier die Erfolgreichen, die Gewinner dieses Daseins treffen und in selbstzufriedener, diskret-gelassener Manier ihre Lebenserfolge feiern. Er stellte sich vor, wie Monika in diesem Ambiente ohne ihn auftreten würde und kam zu dem Ergebnis, dass es eine durchaus willkommene und geeignete Plattform für ihre eloquente und kommunikative Art sein konnte, was ihm bei dem konkreten Ausmalen dieser Bilder einen unmittelbaren Schauder sowie Anflug von Eifersucht verursachte.

Gegen Ende ihrer Tour fuhren sie noch auf die andere Seite der Mosel hoch hinauf zur Mariensäule, von wo beide den fantastischen Blick auf die Stadt sowie das Umland genossen.

Nach und nach trat die Dämmerung ein, welche alles wie der Wirklichkeit enthoben in eine Traumlandschaft zu verwandeln schien. In den Fenstern vereinzelter Häuser kündigten die ersten Lichter bereits den nahenden Abend an. Es war die Tageszeit, die Franz K. schon seit jeher die liebste war und bis heute geblieben ist. Er musste bei diesem zauberhaften Anblick an ein Gedicht mit dem Titel ,du‘ denken, das er kürzlich gelesen und ihn dergestalt beeindruckt hatte, dass er sich noch Wort für Wort daran erinnerte und spontan die Entscheidung traf, es laut vernehmlich vorzutragen:

‚du'

Wenn der Tag sich befreit aus den engen,
beklemmenden, hektischen, lärmenden Zwängen
- dahin geronnen sich lösenden Atem verschafft
Die Stille das Ankommen zulässt, ja fordert
Die Klauen des zuvor unumgänglich Scheinenden
sich öffnen -
ein reines, ungeschminkt-demaskiertes Selbst
erlauben

Dann wird es dir leicht und du lässt es zu -
dies an dich gerichtete, zärtliche
‚du'*

Monika, welche ihm bislang nicht als Literatur geneigt oder gar -begeistert aufgefallen war, schien seine Rezitation jedenfalls zu gefallen. Sie klatschte ihm Applaus, nahm ihn in ihre Arme und drückte ihn fest. Er glaubte, einen ehrlichen Anflug von Glück zu spüren und ließ es zu.

Als sie zurückkamen, war es bereits dunkel und Zeit zum Abendessen. Es war Mitte Mai, Zeit für frischen Spargel mit Sauce Hollandaise, Kartoffeln und Schinkenbeilage. Der

----

*aus: **Deine Ewigkeit – Imperativ des Lebens**
Beobachtungen, Ansichten, Reflexionen,
Gedichte, Aphorismen, Photographien (S. 24)
Heinz-Josef Scherer (2015)

hinter ihnen liegende Tag mit den vielen Eindrücken forderte danach seinen Tribut in Form von aufkommender Müdigkeit, zudem wartete auf beide bald wieder ein neuer Arbeitstag, so dass sie sich unmittelbar nach dem Essen zur Ruhe begaben.

Es war Franz K., welcher sich am frühen Montagmorgen als erster vom gemeinsamen Lager erhob. Da Monika noch schlief und er sie nicht stören wollte, achtete er darauf, sich möglichst diskret und geräuschlos zu verhalten. Bevor er aus dem Haus ging, kehrte er noch einmal an ihr Bett zurück, um einen letzten Blick auf seine Liebe zu werfen. Sie erwachte und flüsterte ein leises ‚schönen Tag, mach's gut, bis bald‘, wobei sie ihm sanft mit ihrer warmen Hand über Arme und Rücken fuhr. Er erwiderte es mit einem zärtlichen Kuss sowie einem kurzen Streicheln ihrer Haare, fügte sich in das Unabänderliche, stand auf und verließ das Haus. Er fuhr den Hügel hinab in Richtung Verteiler, machte dort noch zwei Extrarunden und blickte sehnsüchtig nach oben. Dabei hörte er ihre leise, noch schläfrige Stimme – in seinen Händen ihr weiches Haar, Arme und Rücken beseelt von ihrer zärtlichen warmen Hand. Er startete schließlich durch und fuhr davon.

Wie gewohnt telefonierten sie die Woche über in den Abendstunden, wobei Monika Franz K. vorschlug, bei seinem nächsten Besuch neben dem Fahrrad auch seine Joggingsachen mitzubringen, um gemeinsam laufen zu gehen. Er stimmte dem ohne weitere Überlegung bereitwillig zu und kam somit Samstagabend mit der abgesprochenen Ausstattung bei ihr an. Bevor es am Sonntagmorgen nach dem Aufstehen und den ihm schon vertrauten Gesundheitsritualen zum Frühstück ging, liefen sie ca. eine Stunde durch die Wiesen und Felder, welche sich in direkter Nähe zu Monikas Haus für Freizeitaktivitäten an der frischen Luft anboten. Franz K. setzte durch Monikas Erzählungen – dass sie sich gerne bewege, Sport treibe, sich gesund ernähre usw. – sowie aufgrund seiner sonstigen Gesamteinschätzung schon eine gewisse Fitness bei ihr voraus, war jedoch verblüfft darüber, in welchem Maß seine diesbezüglichen Vorannahmen noch übertroffen wurden. Er musste – obgleich sich seit seinem dreizehnten Lebensjahr gleichsam regelmäßig selbst sportlich betätigend – alle Mühe aufwenden, um Schritt zu halten, vor allem aber – und dies war mindestens ebenso wichtig – sich seine extremen Anstrengungen nicht anmerken zu lassen. Nach jeder dieser sportlichen Aktivitäten wartete wieder ein üppig und reichhaltig gedeckter Frühstückstisch, welcher zum sonntäglichen sich Belohnen und Verwöhnen geradezu herausforderte.

Es war Juni, und die schon sommerlich zu nennenden Temperaturen luden dazu ein, die Umgebung mit den Fahrrädern zu erkunden. Monika fuhr voran – einen langen abschüssigen

Weg hinunter, an dessen Ende beide problemlos in den Moselradweg einbiegen konnten. Sie wählten nicht die Richtung nach Trier – dort waren sie schon vergangenen Sonntag gewesen –, sondern entschieden sich, über die nahe gelegene Saarmündung hinaus Saarburg anzustreben. Ihre Route führte durch kleine urwüchsige Dörfer, malerisch eingebettet in die sie umgebenden Weinberge.

In Saarburg angekommen, herrschte reges Treiben und sie waren froh, noch einen freien Platz vor einer Eisdiele zu finden. Danach banden sie die Räder fest und machten sich zu Fuß auf den Weg, um noch einige Sehenswürdigkeiten zu besichtigen. Die Sonne färbte sich bereits rot, als sie sich entschlossen, den Rückweg anzutreten.

In Umkehrung des bekannten Eisläuferjargons ‚Zuerst die Pflicht, dann die Kür'– an welchen Franz K. unterwegs unweigerlich denken musste – genoss er noch die beschaulichen Bilder entlang der Radroute, bis sie schließlich am Fuß des Hügels ankamen, den es nun wieder hochzufahren galt. Monika stellte erneut ihre sportlichen Ambitionen sowie Fähigkeiten unter Beweis, indem sie den langen und steilen Anstieg offensichtlich ohne erkennbare Mühe in sitzender Position bewältigte. K. versuchte auch hier keine Schwäche zu zeigen und kämpfte sich unter größtem Arbeitsaufwand, begleitet von einem inneren Murren und Fluchen den Berg hinauf, bis er schließlich das ihn als Totalbefreiung dünkende Ziel erreichte. Sie wiederum schien seine extremen Kraftanstrengungen nicht zu bemerken oder tat zumindest so, als ob dem so wäre.

Neben all den Gesundheits-, Sport- und naturgeneigten Aktivitäten hatte sich Monika noch einer weiteren Leidenschaft verschrieben – dem Saunieren. Dies reduzierte sich die warme und helle Jahreszeit über noch auf beiläufige Erwähnungen ihrerseits, wurde jedoch konkreter, als der Sommer sich nach und nach in den Herbst verabschiedete. Angefangen bei einer eher kleinen Anlage in ihrer Wohnstadt, welche sie ca. ein- bis zweimal die Woche aufsuchte, schien ihr die gesamte Saunalandschaft in der näheren wie auch weiteren Umgebung vertraut zu sein und sie scheute keine langen Wege, um ihr Erleben diesbezüglich zu optimieren. Für Franz K. war es eine neue, ihm bis dahin nicht erschlossene Welt.

So fuhren sie an einem eher trüben, kühlen und verregneten Sonntag weit hinaus zu einer Anlage, welche Monika ihr ‚Saunaparadies' nannte. Diese war sehr weitläufig und großzügig dahingehend angelegt, dass sich neben den unterschiedlichen Möglichkeiten des Saunierens auch exotisch anmutende Ruhezonen fanden, welche mit verlockenden Düften sowie meditativer Musik die Besucher in ihren Bann zogen. Jene sollte Franz K. jedoch erst später genießen dürfen, denn zuerst ließ er sich von Monika in die ‚Finnische' Sauna einweisen.

Die extreme Hitze, die dort herrschte und ihm vollkommen ungewohnt war, bereitete ihm anfangs eine leichte Art der Panik, glaubte er doch, sich nicht mehr genügend Atemluft zuführen zu können. Doch er wusste, dass Flucht schon Monikas wegen nicht infrage kam, außerdem erinnerte er sich einiger Entspannungstechniken, die er in anderen Zusammenhängen gelernt hatte und jetzt erfolgreich in Anwendung brachte. Er blieb einfach liegen, nichts geschah – seine Atmung normalisierte sich.

Der Höhepunkt seiner ersten Erfahrung in dieser ihm neuen Welt war, als ein Mitarbeiter in die Kabine kam und einen ‚Aufguss' ankündigte – welcher zur Folge hatte, dass sich die Hitze danach noch steigerte. K. ertrug es nicht nur, sondern fand es gar spektakulär und spürte einen Anflug von Stolz, dass dem so war. Nach der Prozedur begoss man sich mit eiskaltem Wasser oder stieg in ein Becken mit ebensolchem. In diesem Fall befand sich auf der Rückseite der Anlage eine Terrasse, die an ein natürliches Gewässer grenzte, in welchem man sich ganzheitlich abkühlen konnte. Franz K., unterdessen mit dieser ihm neuen Welt vertrauter und dadurch auch mutiger geworden, erinnerte sich alter Gefühlsqualitäten wie Abenteuerlust und Naturromantik, setzte zum Sprung an und tauchte in das kühle Nass ein.

Monika kannte noch zwei andere ‚Paradiesgärten', wie sie diese weitläufigen, mit unterschiedlichen Attraktionen ausgestatteten Sauna-Einrichtungen, welche der Gesundheit, Entspannung, aber auch dem Freizeitspaß dienten, nannte. In einem Fall verbanden beide ihren ausgedehnten Saunabesuch noch mit einer Übernachtung in einem nahegelegenen Landgasthof. Überhaupt hatte Monika ihre Vorliebe für derartige Kurzurlaube über das Wochenende – auch ohne vorgeschaltete Saunaaktivitäten – entdeckt. Meist in landschaftlich reizvoller Gegend gelegen, empfand sie das gemeinsame Nächtigen in einem nach ihrem Empfinden urwüchsigen Ambiente als romantisch, was sich auf ihre Bereitschaft zum Erotischen zudem fördernd auswirkte und somit auch von K. durchaus begrüßt wurde. Sie wählte aus und er folgte bereitwillig ihrem Ruf.

Es war an einem Abend im Oktober, als Monika Franz K. mit einer Einladung nach Italien überraschte. Jene gelte nicht nur ihr, sondern auch ihm – also beiden. Dort am Gardasee lebe schon seit geraumer Zeit ihr Ex-Mann, zu dem sie noch einen kameradschaftlichen Kontakt pflege. Er sei sehr nett und umgänglich, zudem habe er die Möglichkeit, ihnen eine kostenlose Ferienwohnung zur Verfügung zu stellen. K., der nicht zum ersten Mal mit neuen Facetten in Monikas Verhalten, Attitüden und Vorlieben konfrontiert wurde, nahm auch diese ihm bislang nicht bekannte Tatsache eines von ihr geschiedenen Ehemannes, der in Italien lebte und sie zu einem quasi kostenlosen Urlaub einlud, fürs Erste als gegeben hin. Er versuchte sich zu erinnern, ob sie ihr früheres verheiratet Sein bislang einmal erwähnte – dies jedoch ohne Erfolg. Sein diesbezügliches Bemühen ließ keine greifbaren Bilder zu und wenn doch, so nur diffus-nebulös – bestenfalls in der verschwindend geringen Gewichtigkeit einer Nebenhandlung oder beiläufigen Erwähnung, welche in dem sonstigen turbulenten 'Betriebsgeschehen' eher zweit- bis drittrangigen Charakter hatte und sich somit gänzlich seiner Erinnerung entzog. Außerdem trug sie ihr Anliegen mit einer Art von Selbstverständlichkeit vor, welcher schon die implizite Aufforderung innewohnte, jene Thematik nicht eigens zu problematisieren, so dass es auch K. dabei beließ und den weiteren Fokus auf die vorgeschlagene Reise als solche richtete.

Monika warb für ihr Anliegen mit der Möglichkeit, ihre Praxis für eine Woche zu schließen – zudem sei es in Norditalien zu dieser Jahreszeit nicht mehr so heiß wie im Hochsommer, die Temperatur wäre bereits gemäßigt und verspreche somit einen angenehmen Aufenthalt. Franz K. – nicht unbedingt zu schnellen Entscheidungen neigend – fühlte sich aufgrund dieses Vorhabens, welches den bis dahin gewohnten Rahmen in aller Deutlichkeit zu sprengen drohte, für den Moment vollkommen überfordert und bat um Bedenkzeit, welche auch die nüchterne Frage beinhaltete, ob er überhaupt zeitnah Urlaub machen könne. Beide verblieben so, dass er sich die Sache überlegen und ggf. bei seinem Arbeitgeber diesbezüglich anfragen wolle.

Bevor er diesen mit seinem möglichen Ansinnen zu betrauen beabsichtigte, begab er sich in die für ihn typische Dauerreflexion, welche stets dem Treffen von wichtigen Entscheidungen voranzustellen war. Die einzelnen Punkte des pro und contra erschienen ihm wie Teile eines Puzzles, die zu einem sinnvollen und dadurch handlungsleitenden Ganzen zusammengefügt werden wollten. Im Rahmen seiner Überlegungen wurde er auch wieder an frühere Angst- und Panikattacken erinnert, welche sein jetziges Vorhaben zu der damaligen Zeit als undenkbar hätten erscheinen lassen. Er stellte sich die Frage, ob er denn nun diesem gleichsam abenteuerlichen Unterfangen von seiner seelischen Verfassung her überhaupt gewachsen war und kam nach reiflicher Selbstprüfung zu dem – ihn fast schon überraschenden – Ergebnis, dass jenem diesbezüglich nichts im Wege stand.

K. musste in diesem Zusammenhang an Elke denken – als sie zusammen in das Land, wo sein Sohn lebte, hatten fahren wollen. Sie hatten schon alles für die Reise gepackt, als er am Morgen vor der Abfahrt zu dem Ergebnis gekommen war, dass er sich dies nicht zutraute. Die Angst, dass all die Erinnerungen an sowie die mögliche bis wahrscheinliche Begegnung mit den Ereignissen von damals sein zu diesem Zeitpunkt ohnehin stark angeschlagenes seelisches Gleichgewicht einer nicht absehbaren Gefahr auszusetzen drohten, ließ ihm von einem Moment zum anderen keine andere Wahl, als sich zurückzuziehen und die geplante Reise abzusagen.

Doch dieses Mal war es anders. Franz K. fühlte sich – gemessen an seinen früheren Verhältnissen – relativ stabil und hatte auch nicht die Konfrontation mit emotionalen Hypotheken aus früherer Zeit zu befürchten. Zudem glaubte er in der Entscheidung für einen handlungsorientierten Pragmatismus, welcher seine sonstige Neigung zum ergebnishemmenden Zirkeldenken auf – ihm oft im Nachhinein erst deutlich werdend – gesunde Art unterbrach, die richtungsweisende Lösung zu erkennen. Er bat tags darauf bei seinem Arbeitgeber um eine Woche Urlaub, welcher ihm auch problemlos gewährt wurde. Am gleichen Abend noch rief er Monika an und informierte sie. Bei ihrem nächsten Treffen besprachen sie noch die Details und am darauffolgenden Wochenende fuhren sie los.

Es war an einem Sonntagmorgen Anfang Oktober. Ihre ursprüngliche Absicht, mit K's kürzlich von seiner Schwester übernommenem Wagen zu fahren, scheiterte daran, dass dieser sich – wie bereits mehrmals in jüngster Vergangenheit – auch dieses Mal als unzuverlässig erwies, d. h. er streikte, so dass beide kurzfristig

umdisponieren mussten, was sie schlankerhand auch taten.

Von Trier ging die Zugreise durch das herr-
liche Bergpanorama der Schweizer Alpen bis
Mailand, wo sie umstiegen und gegen Abend
am Bahnhof in Verona ankamen. Dort erwartete sie schon Monikas Ex-Mann, der sich – wie
von ihr im Vorfeld schon angekündigt – in der
Tat als sehr umgänglich und gastfreundlich erwies, samt seinem Wagen, mit welchem er sie
an ihren Zielort am Gardasee fuhr. Nach dem
gemeinsamen Abendessen zu dritt in einer urig-
landestypischen Taverne bezogen Monika und
Franz K. am späteren Abend die ihnen zur Verfügung gestellte Ferienwohnung. Förmlich erschlagen von der langen Reise und den vielen
neuen Eindrücken forderte die plötzlich ein-
setzende Müdigkeit ihren baldigen Tribut. Zudem lockte schon das in großzügiger Manier
auf sie wartende Doppelbett, in dem sie auch
augenblicklich einschliefen.

Nach dem Erwachen bei strahlendem Son-
nenschein inspizierten sie ihr für die anstehen-
de Urlaubswoche neues Zuhause und kamen
nach reiflicher Prüfung zu dem zufriedenstel-
lenden Ergebnis, dass alles Nötige – u. a. eine
Küche zwecks Selbstversorgung – vorhanden
war. Lust auf Frühstück sowie die Neugier auf
das Umland trieben sie anschließend nach draußen, wo schon eine perfekte, geradezu aus einem Werbeprospekt entnommene Urlaubs-
landschaft wartete. Nach einer kurzen Wande-

rung stießen sie auf ein Lebensmittelgeschäft mit dem lieblichen Charakter eines Tante-Emma-Ladens, wo sie sich fürs Erste an diesem noch jungen Tag eindeckten, eilten zurück und ließen es sich auf der zu ihrem Appartement gehörenden Terrasse gutgehen. Auch Monikas Ex-Mann erschien wieder, setzte sich kurz zu ihnen, fragte diskret nach ihrem Befinden und wies sie auf einen angrenzenden Schuppen hin, wo sich zwei schon ältere, doch noch brauchbare Fahrräder befänden. Offensichtlich wusste er um beider Vorlieben für naturnahe sportliche Aktivitäten und war auch bemüht, ihnen diese zu ermöglichen. Hoch erfreut bedankten sie sich bei ihm und machten im Verlauf des weiteren Tages bald Gebrauch von seinem Angebot, indem sie ihre Drahtesel bestiegen, um die Umgebung auf ihre Art zu erkunden.

Das angenehme spätsommerliche bzw. frühherbstliche Wetter zeigte sich zuverlässig, so dass sie diese Art der Fortbewegung durchgehend bei ihren Exkursionen beibehalten konnten. An drei Abenden tauschten sie ihre Sportsachen gegen eine etwas noblere Bekleidung aus und besuchten ortsansässige Restaurants, um auch einen Eindruck von der heimischen landestypischen Küche zu bekommen und sich in der Folge daran zu delektieren. Dieser Genuss wurde jedoch bei einer Gelegenheit arg gestört, als es bei einer Essenssituation zu einem offensichtlichen – für Franz K. im Nachhinein nicht mehr nachvollziehbaren – Missverständnis kam, aufgrund dessen Monika sehr ungehalten reagierte und zu einem handfesten Streit zwischen beiden führte. Überhaupt neigte Monika bei gemeinsamen Restaurantbesuchen zu einer besonderen – nach K.'s Verständnis übertriebenen – Art von Empfindlichkeit, wie es ihm auch schon bei ähnlichen früheren Gelegenheiten aufgefallen war. An diesem A-bend begleitete ihre Meinungsverschiedenheit beide noch bis nach Hause, wo sie sich erst im gemeinsamen Bett in Gestalt einer leiden-schaftlichen Liebesnacht auflöste. Diese Art des ‚Happy Ends' gab es in der Vergangenheit nicht immer und war auch nicht für Zukünf-tiges garantiert, wie Franz K. noch erfahren sollte.

Am letzten Tag ihres Urlaubs trafen sie sich noch mit Monikas Ex-Mann zu einem gemein-samen Essen in der gleichen Trattoria, wo alles seinen Anfang genommen hatte. Beide bedank-ten sich bei ihm für seine Großzügigkeit, fuh-ren am nächsten Morgen mit der Bahn den gleichen Weg wie gekommen zurück und tra-fen am späten Sonntagabend wieder in Trier ein.

Der gemeinsame Italien-Urlaub hatte nach Franz K.'s Einschätzung die Beziehung zu Monika stabilisiert und ihm dadurch ein – zu-mindest vermeintliches – Basisgefühl an Si-cherheit gewährt. Und doch blieb ihm eine nicht unerhebliche Restkategorie an nagenden Zweifeln, welche seine Ratio stets als gegenstandslos abzutun bemüht war, im Bereich der jedweder verstandesmäßig bedingten Manipulation trotzenden Gefühle jedoch weiterhin ihr quälendes Unwesen trieben. Monika blieb ihm auf eine gewisse Weise fremd und vor allem – unberechenbar. Er wollte es sich nicht eingestehen und doch waren sie da, diese von ihm so gefühlten Unwägbarkeiten, so sehr er sich auch das Gegenteil wünschte. —

Die Zeit ging dahin, dem Herbst folgte der Winter und es kam Silvester, der letzte Tag des Jahres. Es war am späten Nachmittag. Franz K. befand sich in seiner Wohnung und wartete auf einen Anruf von ihr. Außer der impliziten unausgesprochenen Gewissheit, dass sie diesen letzten und somit besonderen Abend zusammen verbringen würden – so jedenfalls die zweifelsfreie, als Selbstverständlichkeit verstandene Interpretation von ihm – hatten sie nichts Konkretes geplant. K. gehörte nicht dem Typus an, der großen Wert auf Zeremonien, wie z. B. überschwängliche Feiern bezüglich besonderer Tage oder Anlässe legte. Nein, es ging ihm nur darum, diesen Abend mit Monika zu verbringen – wenn es sein musste, und dies wäre ihm noch die angenehmste Vorstellung gewesen, in bescheidener Stille und Abgeschiedenheit.

Am frühen Abend läutete das Telefon. In freudiger Erwartung eilte er herbei und nahm den Anruf entgegen. Es war erwartungsgemäß sie, die ihn mit der ihm schon so vertrauten und liebgewordenen Stimme, welche sich nach Fröhlichkeit und Tatendrang anhörte, begrüßte und ihm nach einer kurzen Einführung in der Qualität eines ‚smalltalks' lapidar – nach dem Anspruch auf größtmögliche Selbstverständlichkeit klingend – eröffnete, den anstehenden Silvesterabend *nicht* mit ihm zu verbringen. Ihre Freundin Simone hätte sich eben gemeldet und gefragt, ob Monika sie nicht auf eine Fete in Trier begleiten wolle, worin sie spontan eingewilligt habe, denn schon lange hätten sie sich nicht mehr gesehen und dies wäre eine willkommene Gelegenheit dazu.

Franz K., der augenblicklich in eine Art von Schockstarre fiel, wollte und konnte die vernichtende Information, welche in dem gerade Vernommenen lag, fürs Erste nicht begreifen und zum Zweiten schon gar nicht zulassen. Nachdem er sich wieder einigermaßen gefasst hatte und dadurch auch mehr und mehr der Ernsthaftigkeit von Monikas Mitteilung gewahr wurde, versuchte er noch – obgleich insgeheim die Vergeblichkeit seiner Bemühungen während und sich bereits auf verlorenem Posten befindend –, sie von ihrem Vorhaben abzubringen, was ihm bei der Entschlossenheit, mit der sie ihr Anliegen vortrug, jedoch nicht gelingen konnte und letztlich auch nicht gelang.

Um die abgrundtiefe Enttäuschung sowie Demütigung, welche ihm ob des Gesagten widerfahren war, nicht noch durch sinn- und aussichtslose verbale Umkehrversuche ins Unerträgliche zu steigern, spürte er – auch im Rahmen des sich unterdessen einstellenden natürlichen Selbstschutzes – schließlich nur noch einen Wunsch: das Gespräch zu beenden.

Monika schickte ihm noch ein in harmonisierender Absicht verfasstes und ihn wohl auch trösten sollendes ‚Ich rufe dich morgen an' und K. legte auf. Er musste sich bewegen und wechselte in die Küche nebenan, wo er aus Fassungslosigkeit über das eben Mitgeteilte ziellos auf und abging. Draußen war es unterdessen dunkel geworden, was er aber nur beiläufig bemerkte.

Franz K. gehörte dem Typus an, der solche Situationen i. d. R. mit sich allein auszumachen pflegte, doch dieses Mal spürte er ein tiefes Bedürfnis nach Nähe, den Drang – ja die Notwendigkeit –, sich einem vertrauten, ihn verstehenden Menschen mitzuteilen. Nach längerem Überlegen fiel ihm seine Schwester ein und entschied sich, sie anzurufen. Auch sie war an diesem Silvesterabend allein. Er kontaktierte sie das Jahr über eher selten, umso erfreuter zeigte sie sich über seinen Anruf und fragte ihn gegen Ende des Gespräches – K. hatte schon ansatzweise sein emotionales Debakel angedeutet –, ob er denn nicht zu ihr kommen wolle, was er ohne weitere Überlegung bereitwilligst annahm. Umgehend machte er sich auf den Weg.

Sie redeten weit über den Jahreswechsel hinaus und fanden während ihres gemeinsamen letzten Abends im alten Jahr sowie der ersten Nacht in dem noch jungen, gerade erst angebrochenen zahlreiche Themen, welche – neben K.'s Liebeskummer-Anliegen – auch durchaus unterhaltsame, ja vergnügliche Anteile beinhalteten und ihm somit etwas Ablenkung und Entspannung ermöglichten. Ein Übriges taten die hervorragenden Kochkünste seiner Schwester, auf welche auch dieses Mal Verlass war und folglich – zumindest vorübergehend – unbefangene Lebensfreude garantierten. Gegen Morgen, als beide von aufkommender Müdigkeit befallen wurden, willigte Franz K. dankbar in den von Empathie und Fürsorglichkeit getragenen Vorschlag ein, nicht mehr nach Hause zu fahren, sondern sich auf einem provisorischen Lager im Wohnzimmer zur Ruhe zu begeben.

Er schlief nicht lange. Als er am späten Vormittag erwachte, zeigte sich der erste Tag des neuen Jahres von seiner schönsten Seite. Ein sonniger, kalter Wintertag, welcher unweigerlich ins Freie lockte – was beide nach kurzer anfänglicher Übereinkunft auch taten. Bei dem etwa zweistündigen Marsch in der noch unverbrauchten winterlichen Morgenfrische gelang es K., seine noch aus dem gerade zu Ende gegangenen Jahr herrührende Tristesse für einige aufhellende Momente zu relativieren, doch insgesamt überwog die Enttäuschung und Verbitterung, welche ihm das noch sehr präsente Telefonat mit Monika vom Vorabend bereitete. Zurückgekehrt ließ er sich von seiner gutmeinenden Schwester noch zu einem gemeinsamen Frühstück überreden, drängte danach aber zum Aufbruch und fuhr nach Hause. Er wollte allein sein, nur mit seinem Telefon, welches darauf wartete, ein befreiendes Klingelzeichen, verursacht durch einen Anruf seiner Liebsten, vernehmen zu lassen.

Und so kam es auch. Die Dämmerung brach schon herein, als es läutete und sie sich mit ihrer ihm so vertrauten, wie immer fröhlich anmutenden Stimme nach seinem Befinden erkundigte und mit der größten Selbstverständlichkeit sowie Souveränität jedweden möglichen Zweifel K.'s an der Harmlosigkeit und Unverfänglichkeit ihres gestrigen Silvesterabends auszuräumen verstand. Gerne ließ er sich von ihren Ausführungen überzeugen und spätestens bei den ihm so wichtigen verbalen Schmuseeinheiten gegen Ende des Telefonats schien seine Welt wieder im Gleichgewicht. Der erste Tag in diesem noch jungen Jahr meinte es gegen Ende doch noch gut mit ihm. Er legte auf, ging beschwingt in die Küche und begann mit den Vorbereitungen seines ihm heute besonders verdient erscheinenden Abendbrotes.

‚On ne voit bien qu'avec le coeur.
L'essentiel est invisible pour les yeux.‘

121

(Man sieht nur mit dem Herzen gut. Das Wesentliche ist für die Augen unsichtbar).

Diese wohlbekannte Erkenntnis aus ‚Le Petit Prince‘ (Der kleine Prinz) von Antoine de Saint-Exupéry sollte sich auf fatale Weise auch für Franz K.'s weitere Beziehung zu Monika als wahr erweisen. Hatte sich doch sein anfänglicher Verdacht, dass ihm diese Frau wohl nie ganz gehören würde bzw. er bezüglich ihrer Berechenbarkeit immer noch einen annähernd ununterbrochenen Zweifel zu spüren glaubte, dieser jedoch – genährt durch Monikas Verhalten bis dahin – größtenteils für nichtig gehalten werden musste, sich fürs Erste durch ihre Eskapade an jenem Silvesterabend bestätigt, und welcher in der Folge durch ähnliche Aktivitäten ihrerseits auch weiterhin seine Berechtigung finden sollte.

So auch an jenem Sonntag im Juni ein halbes Jahr später. Beide waren für den Nachmittag zum Baden am Bostalsee verabredet. Das Thermometer zeigte an die dreißig Grad, die Sonne schien von einem makellosen Sommerhimmel. K. befand sich noch zu Hause. Voller Vorfreude auf die gemeinsame Unternehmung hatte er die letzten notwendigen Sachen gepackt und war bereits im Begriff, die Wohnung zu verlassen, als überraschend das Telefon klingelte. Es war Monika.

Mit einer Stimme sowie Worten, welche bezüglich des Inhalts eine Art von Normalität im Sinne von Selbstverständlichkeit vermitteln sollten, teilte sie ihm lapidar mit, ihre Freundin Simone hätte sie am Vormittag angerufen und ein spontanes Treffen vorgeschlagen – worin sie auch eingewilligt habe und somit die geplante Aktivität mit ihm ausfallen müsse.

Franz K., dem es aufgrund dieser unerwarteten abgrundtiefen Enttäuschung und Verletzung buchstäblich die Sprache verschlug, versuchte sie noch mit gebrochener Stimme an ihre Verabredung sowie deren Verbindlichkeit – wobei er in seiner Verzweiflung sowie Hilflosigkeit gar an ihre Moral appellierte – zu erinnern und dadurch noch eine Wendung zum Guten zu erzielen, doch all dies ohne Erfolg. Monika wünschte ihm noch ein wohl tröstlich gemeintes, doch ihn zynisch anmutendes ‚Schönen Sonntag‘ und beendete das Telefonat mit dem üblichen ‚wir telefonieren‘.

K., dem durch diesen erneuten Nackenschlag jedwede Motivation für den weiteren Tag genommen war, packte wie von fremder Hand geleitet seine Tasche wieder aus, griff sich eine Flasche Bier, leerte sie in schnellen Zügen, ließ die Läden seiner Wohnung herunter und sah keine andere Wahl, als sich an diesem frühen sonnigen und warmen Sonntagnachmittag in sein Bett zu flüchten.

Es folgte ein Auf und Ab. Einerseits machte ihm Monika Hoffnung, indem sie Nähe und Verbindlichkeit zuließ, ja bisweilen selbst einforderte – ein andermal ging sie auf Distanz und verweigerte sich, wobei Letzteres nach und nach eher zum Dauerzustand wurde und sich letztlich als solcher verfestigte. Franz K. sah sich plötzlich auf die Rolle des Freizeitbegleiters, des ‚guten Kumpels‘, den man mag und mit dem man etwas unternimmt – und mehr auch nicht – reduziert. Exakt die – wenn auch nicht mehr so häufig wie ehedem – weiterhin stattfindenden gemeinsamen Unternehmungen verhießen gleichermaßen Fluch und Segen. Beließen sie K. doch einerseits in seiner wunschhaften Illusion und Hoffnung, dass es mit der Zeit wieder so werden würde wie früher – so lieferten sie ihn andererseits einer permanenten Enttäuschung aus, indem Monika jeden seiner Annäherungsversuche – welche er verständlicherweise nur schwer lassen konnte – zwar freundlich, aber unmissverständlich abblockte. Zu frisch und zeitnah waren die Erinnerungen an das ihm nach seinem Empfinden noch unlängst gewährte ganzheitliche Glück, um es mit der kühlen nüchternen Souveränität, wie es von der ‚Gegenseite‘ gefordert wurde, loslassen zu können. Zudem hatte er sich schlichtweg an die Gegenwart, Nähe sowie all die gemeinsamen Aktivitäten mit Monika – oft in reizvoller Umgebung, welche für ihn auch Auszeit vom Alltag bedeuteten – gewöhnt. Sie waren zu einer festen verlässlichen Größe, einem wohltuenden Ritual, ja einem nicht mehr wegzudenkenden Teil seines Lebens geworden.

‚Le cœur a ses raisons que la raison ne connaît

124

point.' Diese Erkenntnis des Philosophen Blaise Pascal, dass das Herz seine Gründe hat, die der Verstand nicht kennt, musste Franz K. auf einstweilen schmerzliche Art auch bei sich bestätigt sehen. Obgleich seine Ratio, sein Verstand, ja seine Selbstachtung – oder was davon noch übriggeblieben war – zu dem zweifelsfreien Ergebnis kamen, dass es sich hier um eine im obigen Sinne nicht mehr vertretbare Schieflage handelte, folgte er – zumindest für eine nicht unerhebliche Zeit – weiterhin in sklavischer Manier seiner Passion, seinem Herzen, seinem Bauch, seinem Gefühl. Unablässig versuchte er, die ihm bis dahin so vertraute und ersehnte körperliche Annäherung wiederherzustellen, doch blieben alle seine Bemühungen ohne Erfolg. Auch richtete er sich vorübergehend in der Illusion ein, es gelänge ihm, Monika lediglich als in der von ihr beabsichtigten Form als ,Kumpel' anzusehen und sich dementsprechend zu verhalten, doch schon bald forderte seine nur schwer zu täuschende – ihn zur körperlichen Annäherung zwingende – Leidenschaft wieder ihren Tribut mit den bereits bekannten Folgen der Ernüchterung sowie der von ihm so erlebten tiefen Demütigung.

Doch Franz K. war auch ein Mann der Ratio, welche ihn nach und nach im Rahmen einer kühlen emotionsfreien Bilanz die Sinn- und Aussichtslosigkeit seiner ständigen – von ihr stets aufs Neue verschmähten – Annäherungsversuche mit immer klarerem Blick erkennen ließ. Auch fand er nicht mehr die Freude, welche er bei früheren Treffen verspürte, denn wer läuft schon gern sehenden Auges gegen eine harte, kalte, ihn abweisende Wand? Zudem drängte sich ihm mehr und mehr die Frage nach seiner Selbstachtung auf und nicht zuletzt die seiner Widerstandskraft oder Resilienz, wie ein Begriff aus der Psychologie es bezeichnen würde. Er musste bei all diesen Überlegungen an einen Text denken, den er vor einiger Zeit gelesen hatte und ihm in seiner jetzigen Situation hilfreich schien:

,trotzdem – gerade darum – jetzt erst recht!

Verhalte dich bei einer großen, dich zutiefst
verletzenden *Enttäuschung* im Sinne eines
trotzdem – gerade darum – jetzt erst recht!
Nutze die enorme - durch den unsagbaren *Schmerz*
freigesetzte - *Energie* zur *Innovation,* zur
Neuorientierung in Richtung *Besserung,*
Vervollkommnung, indem du dich auf deine
Ressourcen, deine *Stärken,* deinen *Glauben,* deine
unberührbare Hoffnung besinnst und diese zum
Ausgangspunkt, zum *Sprungbrett* für deine
weiteren Pläne, dein *weiteres Streben* machst.'*

oder

,vorübergehend – und darüber hinaus

Sollte es mal personenbezogen wie auch sonst

nicht so laufen, wie du es gerne hättest, halte

dich an das

Allgemeine, Verlässliche

wie

z. B. Natur, Kunst, Kultur.

Rekurriere auf dich und deine

ureigenen Fähigkeiten.

Bewahre deine *Träume*

und schöpfe aus alledem

neues Vertrauen, Zuversicht, Hoffnung –

dies

*vorübergehend – und darüber hinaus.'***

----

*aus: **Deine Ewigkeit – Imperativ des Lebens**
Beobachtungen, Ansichten, Reflexionen,
Gedichte, Aphorismen, Photographien (S. 88)
Heinz-Josef Scherer (2015)

aus: **Im Sein der Zeit
Beobachtungen Betrachtungen Aphorismen
Gedichte Fotografien (S. 110)
Heinz-Josef „Jozsy' Scherer (2024)

Franz K. spürte, dass die einzige Möglichkeit der Befreiung in der Befolgung dieser von ihm erinnerten Ratschläge bestand. Begünstigt einerseits durch seinen bisherigen Patchwork-Lebenslauf, welcher schon seit jeher Veränderung und Loslassen zum Inhalt hatte und für ihn somit keine neue, ungewohnte Herausforderung darstellte, sowie andererseits durch seine bereits ursprünglich angelegte Fähigkeit, gut allein d. h. nur mit sich sein zu können, bemerkte er bald, dass ihm der Prozess des Loslassens und somit der Entwöhnung leichter fiel als im Vorfeld befürchtet. Es war Sommer. Auf seinen langen, einsamen Fahrradtouren durch die geliebte Natur gewann er immer größeren gefühlsmäßigen Abstand, indem seine ehemals zwingende Sehnsucht nach und nach spürbar abnahm. Auch gewährte ihm nun der Blick aus der Distanz eine klarere, nüchterne Sicht auf diese Frau, welche ihn so lange in ihren Bann gezogen, ja es vermocht hatte, ihn in einer sklavenähnlichen Abhängigkeit zu fesseln.

Franz K. fühlte sich nach dieser langen, auf Monika bezogenen Quarantäne schließlich als von ihr geheilt. Dies bestätigte sich darin, dass sie ihm bei einer weiteren Zusammenkunft – sie hatte ihn nach langer Zeit angerufen und ihn nach einem Treffen am See gefragt, worauf er spontan zugesagt hatte – bezüglich der Gefahr neuer Abhängigkeitsverhältnisse nicht mehr gefährlich werden konnte. All die reizenden

Merkmale an ihr, die ihn ehedem immer wieder zwanghaft und ohne die geringste Möglichkeit des Widerstands angezogen hatten, ließen ihn kalt: ihr Lachen, ihre Stimme, die Art ihrer Artikulation, ihr blondes Haar, ihre Körperlichkeit.

Beide stellten den Kontakt danach endgültig ein.

Mehrere Jahre später machte K. einige Tage Urlaub im Hunsrück. Es war Oktober und der Herbst präsentierte sich in seiner vollen Farbenpracht. Am letzten Morgen nach dem Verlassen seiner Pension entschied er sich, noch die nahegelegene Mosel, welche ihm zu dieser Jahreszeit einen besonderen Reiz darzubieten versprach, entlang zu fahren. Es kam ihm plötzlich der Gedanke an Monika und die Erinnerung, dass auch sie sich für solche faszinierenden Naturbilder begeistern konnte. Zudem trieb ihn schlicht die Neugierde, wie es ihr gehe und was sie wohl so mache. Er schaute im Telefonverzeichnis seines Handys nach und stellte überrascht fest, dass er noch ihre beiden Nummern gespeichert hatte. Nach kurzer Überlegung, gepaart mit letzten nicht gänzlich auszuräumenden Zweifeln, ob er denn da das Richtige zu tun beabsichtige, wählte er kurzerhand die Nummer bei ihr zu Hause. Es war Freitagvormittag – es meldete sich niemand. Bei der zweiten ihm noch zur Verfügung stehenden Telefonnummer, die ihrer Arbeit bzw. ihrer Praxis, erreichte er sie direkt.

Monika war überrascht, erkannte den unerwarteten Anrufer jedoch schon, bevor K. überhaupt seinen Namen nannte. Ihre Stimme klang noch so hell, selbstbewusst und voller Tatendrang, wie er sie von früher in Erinnerung hatte. Sie gab sich erfreut über seinen Anruf und dem schien – wie es sich anhörte – auch so zu sein.

Er nannte die Umstände seines unerwarteten ‚Überfalls' und spontan, als lägen nicht szs. Ewigkeiten zwischen ihrem letzten Kontakt, verabredeten sie sich für später, d. h. nachdem Monika ihre Praxis geschlossen hatte. Am Ende des Telefonats nannte sie ihm noch den Zeitpunkt, wann er dorthin kommen solle. Bis dahin waren es noch Stunden, welche Franz K. nutzte, um die wunderbaren Herbstimpressionen entlang seiner Moselroute auf sich wirken zu lassen. Auch spürte er die Freude und Neugierde auf sie, doch ebenso bemerkte er, dass seine Erwartungshaltung eine andere war als damals: er hatte sich in langen, oft schmerzlichen Prozessen von ihr gelöst, wobei es auch bleiben sollte und seine im Vorfeld dieses bzgl. seines seelischen Gleichgewichts nicht ganz ungefährlichen Treffens wohlwissend vorgenommene kritische Introspektion signalisierte ihm glaubhaft, dass diesbezüglich keine Gefahr eines etwaigen Rückfalls drohe.

Es dämmerte schon, als er den Wagen auf dem Parkplatz vor ihrer Praxis abstellte. Kurz darauf erschien sie in der ihm in Erinnerung gebliebenen vertrauten Art und Aussehen: tänzelnd-sportlicher Gang, halblange blondgelockte Mähne, enganliegende, figurbetonte schwarze Hose, welche zur Farbe der Haare den gewohnt attraktiven Kontrast bildete – dazu ihr Gewinnerlächeln sowie -lachen, welche ihn in früheren Zeiten so unwiderstehlich in ihren Bann gezogen hatten. Sie herzten sich, wie gute Bekannte oder bestenfalls Freunde es nach einer langen Zeit beim Wiedersehen tun, was Franz K. trotz der erneuten Konfrontation mit Monikas – nach objektiven Standards – immenser femininer Anziehungskraft auch ohne Mühe und Selbstverleugnung gelang, ja beidseitig vom ersten Moment an unmissverständlich signalisiert und auch so akzeptiert wurde.

Mit dieser unausgesprochenen, doch gefühlt als verbindlich verstandenen Prämisse ihres weiteren Zusammenseins suchten beide – ähnlich wie in früheren Zeiten – ein nahegelegenes Landgasthaus auf. Ihre Konversation hatte eher den Charakter des ‚smalltalk‘, welcher fast ausschließlich dem Unterhaltungswert diente und sich somit größtenteils an der Oberfläche der formulierten Themen aufhielt.

Sie blieben vergleichsweise lange zusammen und nach etwa drei Stunden – jeder auf seine Art müde geworden und sich nach Rückzug sehnend – beendeten sie ihr Zusammensein. Beide äußerten noch einmal die große Freude über ihr überraschendes Treffen sowie den schönen Abend und versicherten sich zum Abschluss der Option eines Wiedersehens – unausgesprochen, doch wohlwissend, dass es mit großer Wahrscheinlichkeit bis Sicherheit bei dieser – lediglich als nett gemeinte Verbalkosmetik anzusehenden – Zusicherung bleiben wird.

Obwohl er noch öfter in seinem späteren Leben an die gemeinsame Zeit mit all ihren Facetten des Auf und Ab dachte, sah er sie nie wieder. Prägend wurden die Erlebnisse mit Monika für Franz K. u. a. insoweit, dass er bei den nachfolgenden Kontakten zum anderen Geschlecht genauer hinsah, mit wem er es da zu tun hatte und bei nur etwaig gespürten oder bemerkten Ähnlichkeiten und Parallelitäten schon a priori einen schützenden Riegel vorschob. Ungeachtet dessen sah er aber auch mit einem wohlwollenden Auge zurück und mochte die – trotz aller Hochs und Tiefs – anregende, bewegte Zeit voller Pathos und Leidenschaft nicht missen. –

Elke wiederum begegnete ihm nach langer Zeit wieder. Zufällig traf er sie in der Stadt. K. war mit dem Fahrrad unterwegs. Er erblickte sie schon von weitem und überlegte kurz, ob er sie beachten solle. Auch sie hatte ihn gesehen und erkannt. Sie lächelte ihn schon von weitem an, was ihm als die Erlaubnis, ja Bitte oder gar Aufforderung schien, anzuhalten – was Franz K. auch tat. Augenblicklich spürte er eine Mischung aus Schuldgefühlen und einer Art von Ertapptsein. Sofort kamen ihm Erinnerungen an jenen frühen Morgen, als sie ihn mit tränenerstickter Stimme, welche ihren abgrundtiefen Schmerz, ihre Verzweiflung verriet, angerufen und ihm mitgeteilt hatte, dass sie Abstand brauche und auf dem Weg zu ihrer außerhalb lebenden Schwester wäre, um bei dieser Trost und Beistand zu suchen.

Elke wusste viel über ihn und auch er über sie. In den damaligen langen, schier endlosen Gesprächen hatten beide ihr Leben in schnörkelloser Offenheit und Ehrlichkeit vor sich ausgebreitet und transparent gemacht. Doch nun stand zwischen ihnen jener Morgen sowie alles, was sich daraus ableitete.

Sie gab sich emotionslos, zumindest bezüglich einer möglichen Anbindung an Gefühlsanwandlungen in der Qualität von damals. Ihr Auftreten gemahnte K. an eine Lehrerin (die sie ja einmal war) oder Sozialarbeiterin, welche nach langer Zeit ihren ehemaligen Schüler oder Klienten auf der Straße trifft und sich nach seinem Befinden sowie zwischenzeitlichen Werdegang erkundigt. Er spürte förmlich ihren professionell-gönnerhaften sowie verstehenden Röntgenblick, ihr geheimes Wissen über ihn, dem er sich nicht entziehen konnte und – allein schon ob der Unmöglichkeit dessen – auch nicht entziehen wollte. Es kamen ihm zwangsläufig Erinnerungen an die andere Elke, die sentimentale, verträumte und leidenschaftliche, welche einmal die für sie wegweisende Frage stellte, ob sie sich mehr als Italienerin oder als Deutsche fühle.

Aber auch das war sie, wie sie nun vor ihm stand. Eine starke intelligente, gebildete Frau: abgeklärt, gefasst, kontrolliert – je nach Situation und Kontext bereit und abrufbar. Wie damals spürte Franz K. wieder den plötzlichen tiefsitzenden Wunsch, sie als gute Freundin, Kameradin zu haben. Doch im gleichen Moment wurde ihm die Unerfüllbarkeit dessen als ernüchternde Erkenntnis klar, was er nach seinem jetzigen Befinden sowie vor dem Hintergrund all des Geschehenen auch relativ problemlos akzeptieren konnte, ja musste – dies allein schon ob des im vorab gefühlten – hätte er sie gefragt – wahrscheinlichen bis sicheren ‚Nein' von ihr.

Es lag etwas zwischen ihnen, was ihrem insgeheimen Wissen vorbehalten bleiben und folglich nicht ausgesprochen werden sollte. Hätten sie – und hier vor allem Elke – es getan, hätte dies als Tribut an die, ja gar Renaissance der Vergangenheit gewertet werden können, – was sie im wohl beidseitigen Konsens zu vermeiden bemüht waren.

Nachdem sich beide eine Weile über Alltägliches ausgetauscht hatten, signalisierte Elke, dass sie gehen müsse. Franz K. spürte die Entschlossenheit sowie Unaufhaltsamkeit ihres Vorhabens und willigte ein, bestieg sein Fahrrad und fuhr – sich wieder in seiner vorherigen Gedankenwelt einrichtend – davon.

Franz K. – die Angst und die Suche nach dem Sinn

Wie aus den vorausgegangenen beiden Erzählungen zu ersehen ist, hatte deren Protagonist Franz K. die ‚Gunst des Schicksals' auf seiner Seite, in einer extremen Notlage, der Konfrontation mit Angst- und Panikattacken, ihm zur Seite stehende wohlwollende, ja liebende Menschen – im vorliegenden Fall Frauen – zu treffen und in der Folge eine enge, ihn schützend-entlastende sowie ebenso lustvoll-fordernde Beziehung mit ihnen einzugehen. Dies unabhängig von der Tatsache, dass die drei geschilderten Verbindungen – aus unterschiedlichen Gründen – am Ende zum Scheitern verurteilt waren.

Zusammenfassend bleibt jedenfalls festzuhalten, dass sie für ihn die Bedeutung einer nicht zu unterschätzenden Hilfe hatten und es rein theoretischer Spekulation überlassen werden muss, wie es dem betroffenen Protagonisten ohne jene ergangen wäre.

Sicherlich wäre für Franz K. auch eine Beziehung gleichgeschlechtlicher Art, sofern sie den Kriterien ‚wohlwollend, verstehend, zuwendend' u. ä. genügt hätten, eine große Hilfe gewesen. Ebenso wurde deutlich, dass ein allgemeines Eingebundensein in die Sozialgemeinschaft – sei es in indirekter wie direkter Präsenz oder ‚nur' als Vorstellung, Imagination einer solchen – für den Betroffenen eine ihn beruhigende und insoweit hilfreiche Wirkkraft haben kann.

136

Franz K. traf es hart i.S.v. vollkommend ü-
berraschend – ohne jedwede Vorkenntnis sowie Erfahrung mit dieser ihn peinigenden
Krankheit. Obgleich er sich als Folge der Zuwendung durch das andere Geschlecht stabiler
und sicherer fühlte, fasste er den Entschluss,
sich nach deren Ende über das ihm Widerfahrene zu informieren, was auch mögliche Er-
klärungen seiner Ursachen sowie mögliche
Strategien dagegen beinhaltete.

So stieß er im Rahmen seiner Recherchen auf
Hilfsangebote wie z. B. ‚Autogenes Training‘,
‚Progressive Muskelentspannung nach Jacob-
son‘, an welchen er auch partizipierte und welche ihm – zumindest subjektiv von ihm so er-
lebt – in der einen oder anderen Form nützlich
waren; dies allein schon durch die bloße
Tatsache des Praktizierens von jenen sowie das
ihm implizite nüchterne Wissen darum, dass er
daran teilnahm und insoweit seine fatalen
Erfahrungen in der Vergangenheit als auch eine
nicht auszuschließende sich wiederholende zu-
künftige Gefährdungslage zu einem ihm
wichtigen Anliegen machte. Zudem konnte
Franz K. sie jederzeit und ohne große Mühe in
seinen Alltag einbauen, was er – wenn es die
jeweilige Situation nicht anders zuließ, auch
mal lediglich ansatzweise-fragmentarisch, er
dessen positiven Effekt danach aber trotzdem
zu spüren glaubte – nicht selten (auch im
Rahmen einer möglichen Prophylaxe) je nach

Befinden und Bedarf auch tat.

Unabhängig davon begann er seinen Tag mit einer achtsamkeitsbezogenen Antizipation der zu erwartenden Ereignisse in der Art einer mit positiven, ihn stärkenden Inhalten besetzten ,formelhaften Vorsatzbildung' und beendete selbigen mit einer detaillierten Rückschau, welche den deutlichen Fokus auch auf die ,Erfolge' des vergangenen Tages zu legen bemüht war.

Ebenso erfuhr Franz K., in seiner Betroffenheit nicht allein zu sein, indem er Menschen traf, die – entweder ähnlich oder gar deckungsgleich seiner Symptomatik – auch unter anderen Ängsten unterschiedlicher Art litten. Die erste Begegnung dieser Art hatte er in einer ,Angstgruppe', welche unter ärztlicher Begleitung einmal die Woche in den Abendstunden stattfand.

Darüber hinaus wurde er auf seine Thematik in der entsprechenden Literatur aufmerksam, welche teils von betroffenen Laien als auch Fachleuten verfasst war.

Ähnlich begegnete ihm – z. T. zufällig und ungewollt – im Verlauf der folgenden Jahre die Krankheit ,Angst- und Panikattacken' immer wieder in unterschiedlichen Zusammenhängen und Formen, i. e. im theoretisch-fachbezogenen als auch praktisch-lebensnahen (hier meist in Form von Hilfsangeboten) Kontext, wodurch ihm die anfänglich nicht vermutete Streubreite dieser Thematik mehr und mehr gewahr wurde. Wie hilfreich oder gar notwendig es sein kann, einer Gemeinschaft – mit dem mehr oder weniger regelmäßig stattfindenden sowie mehr oder minder tiefgehenden Austausch unter den Angehörigen derselben in seinen unterschiedlichen Ausprägungen – anzugehören, hatte Franz K. zur Genüge sowohl im Rahmen einer ihm schiere Notwendigkeit dokumentierenden schmerzlichen Lektion als auch in Form einer ihm eher willkommen-wohltuenden Manier (s. o.) erfahren. In der Folge seiner ihm von nunmehr an unumgänglich erscheinenden praktizierten Selbstaufmerksamkeit und der daraus sich unweigerlich ableitenden Selbstreflexion wurde ihm – neben seiner ihn schon grundsätzlich leitenden und ihm mehr und mehr bewusst werdenden ‚Steppenwolfmentalität‘ – nach und nach deutlich, dass er in erster Linie sich selbst als entscheidender Aktionsparameter für sein ‚Lebensglück‘ ansehen musste.

Franz K. kam zu dem Ergebnis, dass er zu seiner ‚inneren Standortbestimmung‘ beides benötigt:

...'den *Rückzug mit der Besinnung auf sein innerstes Selbst* wie auch den *direkten, lebhaften, fordernden Austausch mit den anderen.*
Die *Kunst* besteht nun darin, dem Erst- sowie Zweitgenannten den *jeweils situationsangemessenen Vorrang einzuräumen, das dem *zugrunde liegende Bedürfnis (richtig) vorauszusehen* sowie

139

*beide Verhaltensdispositionen zum passenden
Zeitpunkt in der richtigen Dosierung zu mischen, zu
kombinieren.'*

Doch wie konnte es Franz K. in seiner wohl
schon extrem zu nennenden zögerlichen Art,
seinem Zweifeln und oftmaligen Verharren in
einer zirkelhaften, ergebnislosen Dauerreflexion gelingen, zu einem Ergebnis und somit
einer ihn befriedigenden, handlungsleitenden
Standortbestimmung zu gelangen?
Eine entscheidende Kategorie für ihn wurde in
solchen Fällen das *dazwischen'*, in welchem er
je nach Situation, Gegenstand der Reflexion
sowie aktueller Verfassung sich entweder
schmerzlich gefangen sah, es ein andermal
bewusst zuließ, ja sich bisweilen gar genüsslich
einrichtete und genau darin im günstigsten Fall
intuitiv seine Chance auf die richtige Entscheidungsfindung und Standortbestimmung zu
erahnen glaubte:

---

*aus: **Sehnsucht nach dem Inner'n Land**
Kurzgeschichten/Erzählungen/Stories/
Gedichte/Aphorismen/Beobachtungen/
Ansichten/Seelentupfer/Autobiografisches/Fotografien*
Heinz-Josef Scherer 2013 (S. 117)

140

,Dazwischen

Das *Dazwischensein* ist auch ein Sein -
es ermöglicht alle Optionen, vor allem die der
Träume und die der *Illusion.* '*

Neben dieser eher ,hedonistischen' Sichtweise,
welche Franz K. im ,dazwischen' bisweilen
einzunehmen und sich einzurichten pflegte –
wobei er auf nicht absehbare Zeit und ohne inneren, eine endgültige Entscheidung fordernden
Druck *Mittel (Weg)* und *Zweck (Ziel/Ergebnis)*
quasi gegeneinander austauschte – , richtete er
sich in anderen Fällen/Situationen auch im Rahmen eines bewusst rationalen Kalküls ein: wohlwissend um die (nicht selten irreversiblen) Folgen einer getroffenen Entscheidung und daraus
folgernd die ihr notwendigerweise voraus-
gehende reifliche Überlegung, welche auch einen dem jeweiligen Gegenstand *angemessenen
Zeitraum* benötigte:

----

*aus: **Sehnsucht nach dem Inner'n Land**
*Kurzgeschichten/Erzählungen/Stories/
Gedichte/Aphorismen/Beobachtungen/
Ansichten/Seelentupfer/Autobiografisches/Fotografien*
Heinz-Josef Scherer 2013 (S. 133)

‚Entscheidungsfindung – längere bis lange

Überlegung

Bisweilen bedarf es einer

längeren bis langen Überlegung,

um eine bzw. die

(richtige) Entscheidung

zu treffen.

Die

Zeit des Nachdenkens

ist eine Phase des

Unfertigen, Unabgeschlossenen,

des *dazwischen* und kann mit *unangenehm-*

quälenden Gefühlslagen

besetzt sein.

Diese werden jedoch dadurch wieder

aufgehoben

bzw. sehen sich dadurch

gerechtfertigt,

dass mit dem

Ergebnis

von o. a. reifer Überlegung

– sofern *jenes* das *richtige* ist –

länger (als die Zeitdauer des Nachdenkens)

bis lange einvernehmlich zu leben wahrscheinlich

bis möglicherweise

sicher erscheint.'*

Franz K's Wahl für eine *längere bis lange Überlegung* – und dies über einen *angemessenen Zeitraum* – will natürlich nicht besagen, dass er sich in solchen Situationen der Entscheidungssuche und -findung vorwiegend

----

aus: **Im Sein der Zeit** Beobachtungen Betrachtungen Aphorismen Gedichte Fotografien Heinz-Josef „Jozsy" Scherer 2024 (S. 37)

oder gar ausschließlich im Zustand des Nachdenkens aufhielt. Er ging seinen notwendigen
und gewohnten Alltagsgeschäften nach, wobei
er zwischen Reflexion (Metaebene) und prakti-
schem Tun (Pragmatismus) in wohldosierter
Art wechselte und auf eine ihn dadurch zu
erreichende *späte Lösung* hoffte – ja *vertraute:*

‚*Späte Lösung*

Du kannst nicht jeden Gedanken sofort zu Ende
denken bzw. für jedes dich beschäftigende Problem
direkt die Lösung finden, so sehr du dir dies auch
wünschen magst. Stattdessen musst du die
Grenzen erkennen und annehmen, die der Moment
dir gebietet - dies allein schon, weil dich o. g.
Ansinnen bei wichtigem bis notwendigem anderen
Tun behindert. Später dann, irgendwann, wenn du
mitunter gar nicht daran denkst, *erreicht dich die
Lösung wie ein ungeahntes, dich glücklich
machendes Geschenk.* '*

Insoweit musste Franz K. auch nicht selten sein
Bemühen um eine mögliche, von ihm ange-
strebte ‚endgültige' Lösung der ihn beschäf-
tigenden Fragestellungen unterbrechen, um den

----

*aus: **Sehnsucht nach dem Inner'n Land**
Kurzgeschichten/Erzählungen/Stories/
Gedichte/Aphorismen/Beobachtungen/
Ansichten/Seelentupfer/Autobiografisches/Fotografien
Heinz-Josef Scherer 2013 (S. 120)

auch für ihn geltenden zwingend-unabänderlichen Notwendigkeiten des Alltags zu genügen. Diese zwangsläufig Außengeleitetheit fordernden, auf den jeweiligen Moment bezogenen und den Fokus der Aufmerksamkeit von seinem Selbst ablenkenden Aktivitäten hatten zuweilen einen auch entlastenden Effekt, indem sie ihm (zumindest vorübergehend) wieder eine Anbindung an das ‚normale' Leben und zudem an die Gemeinschaft der anderen eröffneten. Bei diesen Gelegenheiten kam er zu dem Ergebnis, dass es ihm zum Vorteil gereichte, folgendes *dialektische Prinzip* zur Maxime seines Handelns zu machen:

‚*Dialektik*

These---Man betrügt sich um Lebenschancen, wenn man *ausschließlich nach bleibenden, endgültigen Lösungen, Konzepten, Freuden, Glück sucht* - und dadurch kein Tun, kein Versuch, keine Aspirationen nach Partiellem, Momentanem, eventuellen Zwischenlösungen usw. zulässt. Es ergibt sich die fatale Kategorisierung von schwarz und weiß, von alles oder nichts - wobei die Gefahr des Abgleitens ins Nichts auf der Hand liegt.

Antithese---Andererseits sollte man seine Aufmerksamkeit, Energie, Zufriedenheit usw. auch *nicht nur auf momentanes Erleben, Freuden und Glück konzentrieren* und dabei zugunsten dieser - lediglich als ‚Stückgut' zu bezeichnenden - Größen das anzustrebende Ziel, d. h. die (falls vorhanden)

,große Lebensidee' gänzlich aus den Augen verlieren.

Synthese---Ich denke, die *Wahrheit* liegt (wie so oft) in der *Mitte*, nämlich in der *ständigen Vermischung beider Dispositionen* - wobei man darauf achten sollte, dass die *jeweilige Dosierung die passende* ist und dadurch beide Positionen sich nicht ausschließen, sondern - im Gegenteil – (*sich) ergänzen im Sinne einer konstruktiv-funktionalen Interdependenz.* '*

Franz K's. Verfolgung des *dialektischen Prinzips,* welches auch eine Hinwendung zum ,Partiellen, Momentanen' (s. o.) beinhaltete, ließ ihn im Rahmen einer rein pragmatischen und dadurch zwangsläufig experimentellen, ,heuristischen', ergebnisoffenen Vorgehensweise mit Hilfe dieses – bzgl. seines Ansinnens eingangs als *sinnlos* geglaubten – Unterfangens auch neue, durchaus funktionale Sinnzusammenhänge oder gar *den* (gesuchten) Sinnzusammenhang erahnen oder gar erfassen:

----

aus: Sehnsucht nach dem Inner'n Land
Kurzgeschichten/Erzählungen/Stories/Gedichte/Aphorismen/Beobachtungen/Ansichten/Seelentupfer/Autobiografisches/Fotografien Heinz-Josef Scherer 2013
(S. 127)

,Sinn durch (vermeintlich) Sinnloses

Sinn

kann sich auch durch das Begehen von

(vermeintlich)

Sinnlosem,

Strukturlosem

ergeben.

Neben dem

Sinn,

dass dieser per se schon

Sinn

macht, können sich aus jenem *(vermeintlich)*

Sinnlosen

(möglicherweise über Umwege)

wieder *neue Sinnstrukturen, Relationen*

herausbilden,

welche

wegweisend

für neue Sinnzusammenhänge oder

den

Sinnzusammenhang

sein können.'*

Neben dem wohltuend-entlastenden Effekt einer Unterbrechung von Franz K.'s (nicht selten
zirkelhaften, ergebnislosen) Dauerreflexion
verbarg sich in seiner vorübergehenden Hinwendung zum ,Partiellen, Momentanen',
,(vermeintlich) Sinnlosen' neben den Lebens-
qualitäten wie Freude, Genuss auch die Chance
einer durch diese ermöglichte *Vehikel*-Funktion
bzgl. des Erkennens sowie Erreichens seines
Lebensplans/Lebensziels:

,Lebensplan, Lebensziel - Vehikel

Hast du einen *Lebensplan*, ein *Lebensziel* o. ä. und
verfolgst diesen oder dieses mit strikter Konse-

----

aus:* **Im Sein der Zeit
Beobachtungen Betrachtungen Aphorismen Gedichte
Fotografien
Heinz-Josef ,Jozsy' Scherer 2024 (S. 93/94)

quenz samt den damit unweigerlich verbundenen Entbehrungen - vergiss nicht die bisweilen von o. a. Plan/Ziel abweichenden und bei erster (oberflächlicher) Betrachtung damit scheinbar inkompatiblen

Momente der hedonistisch eingefärbten Abweichungen.

Sie sind

bei genauerer Betrachtung

Vehikel, Schrittmacher

für das Erreichen von o. a. hehren

Lebensvision.'*

Ebenso:

,ankommen

Komme *im Moment* an und *vertiefe ihn.*

---

*aus: **Deine Ewigkeit – Imperativ des Lebens**
Beobachtungen, Ansichten, Reflexionen,
Gedichte, Aphorismen, Photographien
Heinz-Josef Scherer (2015) (S.54)*

In ihm verbirgt sich

- wenn du es zulässt und genau hinsiehst -

auch deine *Ewigkeit.**

Franz K. musste sich als Ergebnis all seiner Bemühungen um (Selbst)Erkenntnis und dem ihn
ständig begleitenden Suchen nach dem Sinn
seine innere Widersprüchlichkeit sowie Zerrissenheit letztlich eingestehen, was ihm nicht
immer leicht fiel, und ihn nicht selten schmerzlich berührte. Ebenso erkannte er aber auch die
Chancen, die sich daraus ableiteten: u. a. seine
ständige (z. T. notgedrungene) Bereitschaft zur
Innovation, seine Vielseitigkeit sowie Neigung
und Fähigkeit zum globalen, übergreifenden
Denken, Fühlen, Handeln und nicht zuletzt –
Träumen. Zu seinem lebenslangen Begleiter
wurde ihm die ständige Notwendigkeit einer
tragbaren, nach Möglichkeit ihn zufrieden-
stellenden oder gar glücklich machenden Aus-
balancierung des ‚Für und Wider' der von ihm
jeweils zu treffenden oder bereits getroffenen

----

*aus: ***Deine Ewigkeit – Imperativ des Lebens***
Beobachtungen, Ansichten, Reflexionen,
Gedichte, Aphorismen, Photographien
Heinz-Josef Scherer (2015) (S. 11)

Entscheidungen.

In seiner *Sehnsucht nach dem Inner'n Land* wurde es ihm stets aufs Neue zur Aufgabe, den *dialektischen Widerspruch* und die Spannung zwischen den Gegensätzen als eine Schlüsseleigenschaft aller Dinge zu erkennen, als gegeben zu akzeptieren und bestmöglich in seine persönlichen Dispositionen zu integrieren. Einen nicht unwesentlichen Beitrag dazu vermochte ihm (auch) die Erkenntnis und letztlich Umsetzung der *Parität von Ziel und Weg* in ihren unterschiedlich gangbaren Möglichkeiten zu leisten.

‚Sehnsucht nach dem Inner'n Land

Sehnsucht nach dem Inner'n Land
Weit und fein gestreut wie Meeressand
Schwanken zwischen hier und dort
Wechselspiel des Bleib und Fort

Nach dem Balsam Abgeschiedenheit
Doch ihr andern seid so weit
Elixier der Akzeptanz
Dem gefällig, der sich sagen darf: ‚ich kann's'

Nach da, wo einst dich Mutters sanfte Hand geführt
Ein Dankeschön dem guten Mensch gebührt
Kontrastiert die schaurig-süße Option ‚jetzt'
Forderung sowie auch Chance nicht zuletzt

Sehnsucht nach dem Inner'n Land
Lebenswunsch - profund und weit entfernt von Trug
und Tand
Suche nach dem letzten Sein
Ziel und Weg als paritätisch' Teile im Verein. '*

----

*aus: **Sehnsucht nach dem Inner'n Land***
Kurzgeschichten/Erzählungen/Stories/
Gedichte/Aphorismen/Beobachtungen/
Ansichten/Seelentupfer/Autobiografisches/Fotografien
Heinz-Josef Scherer 2013 (S. 82/83)

Über den Autor

Heinz-Josef ‚Jozsy' Scherer
Dipl. Soziologe/Systemischer
Therapeut und Berater/Autor

u. a. mehrere Veröffentlichungen in
Anthologien

Mail: Jozsy@web.de

*Vom nämlichen Autor
bereits erschienen*

Heinz-Josef Scherer

Sehnsucht nach dem Inner´n Land

*Kurzgeschichten/Erzählungen/Stories/
Gedichte/Aphorismen/Beobachtungen/
Ansichten/Seelentupfer/Autobiografisches/
Fotografien*

ISBN 13: 9781978131002

ISBN 10: 1978131003

Druck: www.createspace.com

Erscheinungsjahr 2013

Sehnsucht nach dem Inner'n Land

ist eine Sammlung von Kurzgeschichten, Erzählungen, Stories, Gedichten, Aphorismen, Beobachtungen, Ansichten – von momenthaft empfundenen ‚Seelentupfern' und autobiographischen Texten.

Der Autor sieht mit einem durchaus kritischen wie auch liebend-warmen Auge auf das Leben, wie es sich ihm darbietet. Er positioniert sich auf der Distanz schaffenden Meta-Ebene ebenso wie als direkt am Geschehen Beteiligter.

Gegenstand sind universale, gemeinhin gültige Menschheitsthemen wie Heimat(suche), Alter(n), Vergänglichkeit, Einsamkeit, Sehnsucht, Hoffnung, Sinnsuche und -findung, Identität, Liebe, Sexualität, Natur und viele andere, welche in unverwechselbar individualisierter Form auf den Punkt gebracht werden. Ein Teil der Texte und Gedichte ist mit aussagekräftigen wie stimmungsvollen **Fotografien** unterlegt.

Das vorliegende Werk versteht sich – und dies vor allem – als berührend-authentische Liebeserklärung an das Leben in Lyrik und Prosa.

Auch als **E-Book** erhältlich

Heinz-Josef Scherer

Deine Ewigkeit –Imperativ des Lebens

Beobachtungen Ansichten Reflexionen

Gedichte Aphorismen Photographien

ISBN 13: 978-1511628310

ISBN 10: 1511628316

Druck: www.createspace.com

Erscheinungsjahr 2015

Deine Ewigkeit –Imperativ des Lebens

ist eine Sammlung kurzer prägnanter Texte von A wie ‚Ankommen' bis Z wie ‚Zeit des Abschieds', die in unterschiedlicher Form an die Leserin/den Leser herangetragen werden.

Themen sind Daseinsbereiche verschiedener Art, welche einen repräsentativen Querschnitt der Lebenswelten eines jeden abbilden. Es finden sich *Beobachtungen, Ansichten, Reflexionen, Gedichte, Aphorismen, Photographien* — entstanden aus Eingebungen und Einsichten innerhalb des Alltagshandelns, diese jedoch zwangsläufig überdauernd, allein aufgrund ihrer Tiefe an Bedeutung sowie ihrer Verallgemeinerbarkeit.

Ein Teil der Texte ließe sich dem Oberbegriff der ‚Ratgeber- und Lebenshilfeliteratur' zuordnen, was jedoch der Leserin/dem Leser überlassen bleiben soll.

Ergänzend, untermalend bedarf es der Erwähnung der Wirkkraft einzeln beigefügter *Bilder/Photographien*, welche der Autor bei seinem Unterwegssein festhielt und als Quellen der Inspiration dienten.

Auch als **E-Book** erhältlich

Heinz-Josef ‚Jozsy' Scherer

IM SEIN DER ZEIT

Beobachtungen/Ansichten/Betrachtungen/

Aphorismen/Gedichte/Fotografien

ISBN: 9783759796028

BoD – Books on Demand, Norderstedt

Neuauflage April 2025

IM SEIN DER ZEIT

ist in Fortsetzung der beiden vom selbigen Autor bereits erschienenen Bände ‚*Sehnsucht nach dem Inner'n Land*‘ sowie ‚*Deine Ewigkeit – Imperativ des Lebens*‘ eine Sammlung von *Beobachtungen, Ansichten, Reflexionen, Gedichten, Aphorismen, Photographien*, die in unterschiedlicher Form an den Leser herangetragen werden. Themen sind Daseinsbereiche verschiedener Art, die einen repräsentativen Querschnitt eines jeden abbilden.

Sie entstanden aus Eingebungen und Einsichten innerhalb des Alltagshandelns, diese jedoch zwangsläufig überdauernd allein aufgrund ihrer Tiefe an Bedeutung sowie ihrer Verallgemeinerbarkeit.

Ein Gutteil der Texte ließe sich dem Oberbegriff ‚Ratgeber- und Lebenshilfeliteratur' zuordnen, was jedoch den einzelnen Lesenden überlassen bleiben soll. Ergänzend, untermalend bedarf es der Erwähnung der Wirkkraft einzeln beigefügter Fotografien, welche der Autor bei seinem Unterwegssein festhielt und als Quellen der Inspiration dienten.

Auch als **E-Book** erhältlich